文旅融合助力
乡村振兴路径研究

肖盛誉　著

延吉·延边大学出版社

图书在版编目（CIP）数据

文旅融合助力乡村振兴路径研究 / 肖盛誉著 . -- 延吉：
延边大学出版社 , 2023.10
ISBN 978-7-230-05760-8

Ⅰ.①文… Ⅱ.①肖… Ⅲ.①文化产业—产业发展—
研究—中国②旅游业—产业发展—研究—中国③农村—社
会主义建设—研究—中国 Ⅳ.① G124 ② F592.3
③ F320.3

中国国家版本馆 CIP 数据核字 (2023) 第 207700 号

文旅融合助力乡村振兴路径研究

著　　者：肖盛誉
责任编辑：侯琳琳
封面设计：文合文化
出版发行：延边大学出版社
社　　址：吉林省延吉市公园路 977 号　　邮　编：133002
网　　址：http://www.ydcbs.com　　E-mail：ydcbs@ydcbs.com
电　　话：0433-2732435　　传　真：0433-2732434
印　　刷：三河市嵩川印刷有限公司
开　　本：787 毫米 ×1092 毫米　1/16
印　　张：10.75
字　　数：200 千字
版　　次：2023 年 10 月第 1 版
印　　次：2024 年 1 月第 1 次印刷
书　　号：ISBN 978-7-230-05760-8

定　　价：58.00 元

前　言

　　自 20 世纪 90 年代以来，我国乡村旅游发展迅速，规模不断扩大，目前呈现出高层次、品牌化、多元化的发展趋势。发展乡村旅游能够有力地契合和服务新时代国家发展战略，促进农业提质增效、农民增收致富、农村繁荣发展。丰富乡村经济业态，加快城乡一体化发展步伐，加强乡村基础设施建设，提升公共服务水平，是实现乡村振兴的重要途径。2021 年《中共中央 国务院关于全面推进乡村振兴加快农业农村现代化的意见》提出开发休闲农业和乡村旅游精品线路，为乡村旅游的发展提供了新的契机。

　　文化是旅游的重要资源，旅游是文化传播的重要方式，旅游与文化互生共融。乡村文化已成为乡村旅游吸引游客的重要因素之一，游客在乡村旅游过程中，对体验乡村文化的要求越来越强烈。将乡村文化和乡村旅游相融合，一方面有助于促进乡村优秀传统文化的传承，另一方面有助于实现乡村旅游的高质量发展。

　　近年来，以高质量发展为代表的新发展理念为产业发展指明了新道路。随着市场结构逐步改善，产业转型升级、融合发展已成趋势。党的十九届五中全会明确提出推动文旅融合发展。在推进乡村振兴过程中，乡村旅游与文化融合发展是文化振兴的必然体现，也符合市场需求。文旅融合发展在不同乡村中陆续开始，其中不乏优秀经验，对其加以总结提炼可为乡村振兴提供助力。

乡村振兴战略是一项复杂的工程，包括政治、经济、文化、旅游等多方面的内容。而美丽乡村的建设是乡村振兴的重要抓手，是实现美丽中国的重要前提，利用文旅融合的方式来促进乡村和谐可持续发展是美丽乡村建设的重要内容。文旅融合带动乡村振兴的发展路径很多，民俗特色、非遗传承、传统文化等皆可成为吸引游客的项目，但较多乡村存在对本土文化潜力挖掘不足、开发的项目浮于表面等问题，不能让游客有更深层次的文化体验，更有甚者"照抄照搬"，项目千篇一律、毫无新意，诱导消费令人厌烦。要想利用文旅项目探索乡村振兴新路径必须依靠乡村特色，打造品牌效应，让美丽乡村的形象深入人心。

本书基于文旅融合及乡村振兴战略背景，从深度融合的创新模式出发，以"文旅融合"推进乡村振兴案例为蓝本进行研究，从传统文化的独特性和政府推动旅游业发展的角度进行观察，深入探讨文化旅游业态的理论方法和实现途径，以乡村振兴、体验经济、协同理论和价值链模型为研究理论依据，旨在寻求资源禀赋、传统文化、乡村文创旅游产业相互融合发展的规律，总结其推广价值及相关启示。

目　录

第一章 研究背景、意义及方法

第一节 研究背景

加快旅游产业融合发展是适应新时代旅游消费需求变化和旅游经济结构优化的现实需要，经济发达地区的旅游产业转型和经济较为落后地区的旅游产品开发均需要发挥旅游产业的关联带动作用和产业融合功能。文化旅游产业融合更加突出，旅游产业需要文化产业提供资源，文化产业需要旅游产业提供平台，二者具有天然的融合诉求，融合发展是提升旅游产业与文化产业质量的有效途径。为此，国家出台了很多文件，如《关于促进文化与旅游结合发展的指导意见》《国务院关于加快发展旅游业的意见》，扶持旅游产业与文化产业的发展。为了打破行政管理体制对旅游产业与文化产业融合发展的束缚，2018 年 3 月，中华人民共和国文化和旅游部（以下简称文化和旅游部）设立，以便更好地协调旅游管理机构与相关部门的关系，提升部门间的沟通效率，客观上为旅游产业与文化产业的融合发展创造了良好的制度环境。学术界对旅游产业与文化产业融合发展的研究顺势开启了新篇章，产生了很多研究成果。及时归纳总结研究成果，掌握旅游产业与文化产业融合的现状及趋势，有助于学术界进一步提升研究效率。

党的十九大指出，"三农"问题是关系国计民生的根本性问题，必须始终把解决好"三农"问题作为全党工作重中之重。而产业兴旺是乡村振兴战略的总要求之一，对于加快农业农村现代化进程起着至关重要的作用。

文化产业和旅游产业是现代文化产业体系的核心部分，近年来，文旅产业融合发展为国家带来了巨大的经济利益，受到了党和国家的高度重视。乡村文旅产业融合发展是现代农村产业体系发展的重要驱动力，是促使农民增收增产、生活富裕的一项基础工作，能够促进和保障乡村持续繁荣发展。

全方位了解国内外关于乡村文旅产业融合发展的成果是开展研究的基础保障。本节从内涵、路径、问题、原因四个方面展开，从文化产业、旅游学和文旅产业融合三个角度对前人重要研究成果进行总结和评述。

一、国内研究现状

文旅产业融合发展是一个综合性的研究课题，目前国内学术界多是产业经济学、旅游管理、公共管理学等方面的理论研究，并从文化产业和旅游学的角度进行分析。

（一）关于文旅产业融合内涵的研究

对于文旅产业融合的内涵，不同学科的学者从不同视角进行了分析，对"文旅融合"的概念进行了界定。

文化产业角度：徐红罡（2007）认为从文化生产的发展过程角度来看，文化生产促进了文化和旅游的融合，文旅融合是文化产业的功能向旅游、商业等方面拓展的必然结果。沈祖祥（2006）则从文化学理论方面进行分析，认为旅游是一种文化现象，并在文化现象发展的基础上衍生出旅游的文化系统。这种文化旅游系统以游客为载体，作为产业融合发展的中介媒体，有助于文旅产业的融合发展。马勇（2007）采用文化系统论界定旅游的内涵，他认为旅游和文化在内涵上都具有外化和内化的过程。

旅游学角度：钟贤巍（2006）从旅游学视角出发，从本质上将旅游产业发展的过程视为一种文化的现象。程锦、陆林、朱付彪（2011）认为旅游产业融合是指旅游产业与其他产业融合，或者旅游产业内部不同行业之间发生相互渗透、相互关联，最后形成新的产业。洪学婷、黄震方等人（2020）认为文旅融合是旅游体验深化、文化资源灵活应用的高效、合理途径。许秀文（2018）认为文化产业和旅游产业因其自身特性而自然地相互融合，其融合产生的文化旅游业对促进经济发展有一定内生驱动力，并且已经成为世界上很多国家的支柱性产业。

（二）关于乡村文旅产业融合发展中存在问题的研究

薛茜茜（2017）认为当前我国乡村文旅融合存在的主要问题是政府对于当地民俗文化、传统文化资源的开发较为欠缺。王韬钦（2018）从文化振兴的角度分析了乡村文旅融合的矛盾之处，指出文化资源匮乏与旅游产业逐利、文化的严谨性与旅游的随意性、文化与旅游融合在不同禀赋特征地区的差异、乡村文旅融合低层次性规划与可持续性发展要求之间存在矛盾。

（三）关于阻碍文旅产业发展及融合的原因的研究

龚绍方（2008）从政府体制建设角度指出，制约我国文旅产业发展的主要因素来源于思想观念、管理体制以及法律层面。李帮玉（2014）提出，文旅发展政策顶层设计理念以及核心理念不够清楚并且缺乏对文化旅游实践的总结和提炼是影响文旅产业融合效果的主要原因。一些学者在分析区域文旅产业融合时对该区域的发展状况也给出了具体的原因分析。例如，侯兵（2015）等在综合已有研究和相关政策的基础上，提出文化产业与旅游产业的产业水平评价指标，并构建了融合发展模型，发现长江三角洲地区文旅融合度很低，原因是产业综合水平未能持续发挥、文化市场和文化产业呈现滞后态势，以及产业同构化，特色不够鲜明。

（四）关于乡村文旅产业融合发展路径的研究

针对文旅产业融合发展的路径研究，国内学者大多针对具体地区的问题提出对应的解决路径。钟晟（2013）在其博士论文中以武当山为例，提出了武当山区域旅游产业与文化产业的融合路径：应对旅游环境的和谐进行维护，并构建"一体两仪三区"的总体空间布局，形成特色文化旅游品牌，并体现人类文明价值。李勇军（2016）等提出，要想乡村文化与旅游产业融合发展，就要不断拓展融合发展主体及经营模式。卢志海（2019）通过对佛山乡村旅游与文化创意产业融合发展现状与问题进行分析，结合佛山乡村旅游实际，提出了传统村落、农家美食、农家特产、乡风民俗与文化创意融合发展四大路径。陈换、章牧（2020）以甘坑客家小镇为研究对象，提出了文旅产业融合路径的三个重要方面：第一，旅游以当地文化为核心；第二，通过增强文化可视性提高认同感；第三，塑造文化品牌从而优化旅游体验感。

目前，国内学术界的学术成果多是关于经济学、管理学等方面的研究，对于将乡村文旅产业融合发展置于马克思主义理论的视角下研究的学术成果较为少见。

二、国外研究现状

在国外学术界，文化产业与旅游产业融合的概念并没有被明确提出，但是与其相关的应用性研究已经十分丰富，国外学者主要从旅游学的角度研究文化旅游产业。

（一）关于文化旅游产业内涵的研究

在概念界定方面，凯立德（Khalid，2005）介绍了文旅产业的生态可持续性，这种可持续性是实现文化旅游资产开发的保证。艾利（Ailey，2006）指出文化旅游产业是指不仅要使参观者获得真实完整的文化历史体验，而且要让经济产品和社会福利量化。而乔波（Csapo，2012）认为，文化旅游产业是由多种要素构成的，包括自然、科技、教育、文化、娱乐、休闲等。还有学者对某一特定地区的文化产业与旅游产业的发展进行了研究。例如，菲利普（Philip，2011）认为文化遗产旅游产业是一种将文化资源在利用旅游业的基础上转化为文化营销力的产业。

（二）关于文旅产业对经济发展影响的研究

文旅产业对经济发展的重要影响一直以来是国外学者重点研究的内容。欧迪姆（Ondimu，2002）研究了肯尼亚文化旅游方略，探讨了文化遗产的旅游问题，指出了对文化遗产的旅游开发会逐步提升地区的经济水平。罗伯塔（Roberta，2003）研究了加拿大特色城镇的文化旅游现状，阐明了利用文化资源吸引游客对于特色小镇产业结构转型的重要性。洛恩·弗兰克（Ron Frank，2007）认为随着休闲时间的日益增长和旅游消费者兴趣的不断提升，文旅产业融合促进了当地文化旅游与经济的发展。博格丹·辛尼萨等（Bogdan Sinisa，2017）对文化旅游产业的数据进行统计、检测和分析发现，文化旅游者的消费和数量对乡村地区的经济有很大的促进作用。

（三）关于文化旅游产业发展问题及路径的研究

一些学者试图从更广阔的视角对文旅产业的传统途径进行反思，提出如果要解决文旅产业的滞后性问题就要将文化遗产与"智慧旅游"相结合，重视强化现代科技的作用。萨克塞纳（Saxena）指出，欧洲是乡村文旅产业发展最早且最为成熟的地区，如果要使欧洲乡村对世界游客的吸引力更大，欧盟就应该在资金、政策、培训等多方面对乡村旅游给予大力扶持，这对于满足城市居民度假旅游的美好愿望的必要的。

三、国内外研究述评

通过对文旅融合的相关文献的梳理、研究和分析讨论可知，乡村文化是乡村文旅融合发展的载体，产业融合发展是乡村社会经济高质量发展的重要支撑。乡村的文旅融合发展对于地区发展具有多重价值，可以振兴民族文化，提高居民收入和生活水平，促进农业产业结构优化，推动旅游产品提质增效，文化产业创新升级，助推地区全产业链产业转型升级，进而促进乡村振兴战略的实施，达到区域社会经济高质量发展。

国外学者大多将融合案例和实证分析作为研究对象，而我国学者则将文旅融合的研究重点放在了融合理论的探讨上，且研究还处于起步阶段，尚未形成系统完善的研究体系，在研究过程中借鉴了许多国外学者的经验方法。

纵观目前国内外学者对文旅融合的研究成果可知，国外学者对文旅融合的研究成果较为成熟，研究的范围相对较广，但对文化旅游产业整合的系统研究的进度比较缓慢，尤其是当前的文献缺乏系统性的实践研究。通过上文介绍的研究现状可知，现有的研究成果是从以文化为一种旅游资源，将其转换为旅游产品来实现旅游业的发展这一角度进行研究的，但这并非真正意义上的文旅融合。且现有的文献大多只考虑其中单个因素，这是当前研究的主要不足之处，之后的研究应更多地关注旅游和文化产业融合的互动和影响。

国内外学术界对于农业旅游开发的文旅融合模式研究得最早，研究成果颇为丰富，主要内容大多集中在融合的概念、模式、动因、机制、效果、路径等方面，系统性的理论研究有待加强。乡村振兴背景下文旅融合发展思想早就体现在文旅融合的实践案例中，只是文旅融合的概念尚未出现。从 2016 年文旅概念提出后的研究成果来看，现有文献多是对文旅融合模式和路径的梳理与归纳，构不成体系，理论研究有待加强。研究方法基本为描述性的定性研究，定量分析较少；从研究对象上来看，案例分析和实证研究的对象十分有限，且多集中于民族地区旅游业发展较好的乡村和景区，而对偏远乡镇、自然村寨等小区域旅游业进行研究的成果较少。尤其缺乏类似民族地区、高山峡谷区、革命老区、旅游资源富集区、限制开发区及生态脆弱区等特殊地理空间区域的文旅融合发展研究成果。

总体来看，学术界对文旅融合的研究起步较晚，研究成果主要集中在对现象的描写和模式的研究上，缺乏对产业发展和经济指标的实证研究。从研究范围上看，现有研究成果主要集中在经济发达地区和东部沿海地区，对经济落后偏远山区的关注度不够。客观地说，中西部地区经济发展滞后，但农业资源、文化资源和旅游资源丰富，三大产业也在不断发展，具有很大的融合潜力。

第二节　研究的意义、主要内容及方法

文旅产业融合发展，是"十四五"时期我国产业经济发展的重要抓手。乡村文旅产业融合发展不仅能够引领具有优质文旅资源的乡村经济转型发展，更能够促进全体人民共同富裕。

一、研究的意义

（一）理论意义

为乡村产业融合发展提供必要的基础理论支撑。文旅产业融合发展是具有文旅资源的中国乡村产业发展的重要支撑，不仅能够在农业产业体系建立上发挥重要作用，而且也可激发乡村振兴的内在活力。研究乡村文旅产业融合发展可以为广大农村地区的第一、二、三产业融合发展提供必要的参考和借鉴。

（二）现实意义

第一，有利于生态自然资源和历史文化的挖掘和保护。优质的历史文化资源是使旅游业具有丰富内涵的重要保证，更是促进旅游业进一步提质升级的坚固支撑。要打造精品旅游项目，最重要的就是加强文化内涵的发掘。而中华上下五千年的文明给我们留下了丰富的历史文化遗产遗迹、厚重的历史文化传统、多样的地方民俗风土人情。同时，一百多年来我们党领导人民进行伟大斗争的历史印记，更是不可多得的优质旅游资源。开发乡村文化产业和旅游产业，促进乡村文旅产业进一步融合发展，可以从经济效益出发促进人们保护文旅资源，形成良性循环。

第二，有利于促进就业，解决民生问题，进一步拉动乡村经济发展。文化产业、旅游产业是促进乡村经济发展的优势产业，而引领文化产业、旅游产业融合发展更是调整和优化乡村产业结构的重要保证。文化和旅游要素跨界配置和产业有机融合，不仅是乡村发展迎来重大变化的新机遇，也是农民增收，保障就业的重要途径。

第三，有利于文旅资源优化重组，进一步扩大经济效益。2018年印发的《国务院办公厅关于促进全域旅游发展的指导意见》，要求合理利用传统文化村落以及乡村文化场所，大力促进文化旅游产业综合体的发展，促进旅游产业融合。以文旅产业融合发展为契机，带动其他行业发展，有助于实现文旅融合新业态多样化、文旅资源利用最大化、经济效益增长稳定化。

二、研究的主要内容和方法

（一）研究内容

本书在乡村振兴战略的背景下进行文旅产业融合研究。本书首先阐述了文化产业、旅游产业、文旅产业融合相关概念内涵及理论基础；其次分析了文旅产业融合发展的概况和历程，在实地调查研究的基础上探究问题，并分析问题产生的原因；最后提出了助力乡村文旅产业融合发展的解决路径。

（二）研究方法

1.文献研究法

本书通过查找、阅读、整理相关文献资料，全面了解文旅产业融合发展的相关政策、文件，并对所得资料进行整理分类，为后续深入研究做准备。根据统计分析可知，旅游产业与文化产业融合研究的文献来源非常广泛，涉及 24 种期刊（见表 1-1）。发文量最多的期刊为《人民论坛》，共刊发论文 4 篇，占总发文量的 12.12%；发表 3 篇以上论文的期刊有 2 种，包括《经济地理》和《商业经济研究》；发表 2 篇以上论文的期刊有 2 种，包括《企业经济》和《生态经济》；还有 19 种期刊分别发表 1 篇论文。这充分说明了文化产业与旅游产业融合研究的多学科和学科特性的不确定性。撰文的作者和发文单位既呈现一定的聚集性特征，又体现出明显的分散性特征。例如，尹华光和姚云贵分别占论文总量的 9.09%，王换茹、张海燕和王忠云的论文分别占 3.03%，这 5 位作者大致占总发文量的 27.27%。发文单位中吉首大学占 15.15%，云南大学占 6.06%，大约占总发文量的 20%。从发文年份上来看，最早的是 2010 年。从发文刊物类型上来看，学报类的刊物有 5 篇，其他非学报的刊物占大多数，共有 28 篇论文。

表1-1　旅游产业与文化产业融合研究文献分布

期刊类别	期刊名称	数量	所占比例	发文年份
其他刊物	人民论坛	4	12.12%	2012,2015,2017
	经济地理	3	9.09%	2012,2015,2019
	商业经济研究	3	9.09%	2015,2017
	企业经济	2	6.06%	2015,2018
	生态经济	1	6.06%	2015,2016
	资源开发与市场	1	3.03%	2010
	贵州民族研究	1	3.03%	2012
	宏观经济管理	1	3.03%	2012
	思想战线	1	3.03%	2012
	山东社会科学	1	3.03%	2013
	广西社会科学	1	3.03%	2013
	经济问题	1	3.03%	2014
	经济研究参考	1	3.03%	2015
	社会科学论坛	1	3.03%	2016
	税务与经济	1	3.03%	2017
	干旱区资源与环境	1	3.03%	2017
	中州学刊	1	3.03%	2018
	农业经济	1	3.03%	2020
	旅游学刊	1	3.03%	2015
高校学报	中南民族大学学报（人文社会科学版）	1	3.03%	2015
	湖南大学学报(社科版)	1	3.03%	2015
	首都体育学院学报	1	3.03%	2016
	北京联合大学学报（人文社会科学版）	1	3.03%	2016
	山东大学学报(哲学社会科学版)	1	3.03%	2020
合计		33	100%	——

2. 调查分析法

本书采用调查分析法进行实地考察和调研，获取了相关访谈资料、文旅产业融合发展数据以及文旅资源构成等资料，了解了文旅产业融合发展的实际情况，对文旅产业融合发展的现状以及问题有了比较全面的认识，为最终提出文旅融合助力乡村振兴的路径提供了资料和数据方面的重要支撑。

第二章　核心概念界定及理论基础

第一节　文化与文化产业

一、文化的概念与内涵

"观乎天文，以察时变，观乎人文，以化成天下。"《易经》中对于文化如此描述，"文化"即由其中"人文""化成"而得来。这里的"文化"是"以文教化"的意思，即通过观察人类社会，使天下之人都能遵从文明礼仪，行为举止得当（李海晶，2016）。在我国，"文化"一词最早出现在西汉刘向的《说苑·指武》中："圣人之治天下也，先文德而后武力。凡武之兴为不服也。文化不改，然后加诛。"这里"文化"的含义可以理解为"文治教化"（孙安民，2005）。也就是说，古汉语中的"文化"是指以伦理道德教导世人，使人"发乎情止乎于礼"（王威孚等，2006）。我国学术界对文化的定义，一方面是借鉴西方学术界的定义，另一方面是根据中国社会发展的自身情况进行定义。例如，《辞海》分别从广义和狭义两个角度对文化的概念做出了界定：广义的文化指人类在社会实践过程中所获得的物质、精神的生产能力和创造的物质、精神财富的总和；狭义指精神生产能力和精神产品，包括一切社会意识形态，如自然科学、技术科学、社会意识形态，有时又专指教育、科学、文学、艺术、卫生、体育等方面的知识与设施（赵绪生，2015）。很明显，文化广义的定义注重人与动物、社会与自然的本质区别，狭义的定义指与人类社会经济基础相对应的精神文化。此外，我国学者受西方学术界的影响，从符号学的角度定义文化，如童庆炳在《文学理论要略》里将文化定义为人类符号创造活动及其符号产品的总称，凝聚着人类的信念、情感价值、意义或理想追求（童庆炳，2001）。

在西方，"文化"一词源于拉丁语 Cultura，原意为对土地的耕耘和对植物的栽培，后引申为对人的身体和精神两方面的培育。"文化"的科学概念，到了 18 世纪启蒙时代才真正产生出来。德国著名的哲学家康德在其著作《判断力批判》中指出，文化是人作为有理性的实体为了一定的目的而进行的有效的创造。康德认为人是自然的最终目的，文化则是这一最终目的存在于人身上的一种形式上的、主观的条件，"在一个有理性的存在者里面，产生一种达到任何自行抉择的目的的能力，因而产生一种使一个存在者自由地抉择其目的之能力的就是文化"（郭齐勇，2014）。19 世纪，文化人类学兴起，人们对文化现象的认识有了新的突破。英国人类学家、"人类学之父"泰勒在其 1871 年出版的《原始文化》中，给出了文化的定义："文化，或文明，就其广泛的民族学意义来说，包括全部的知识、信仰、艺术、道德、法律、风俗以及作为社会成员的人所掌握和接受的任何其他才能和习惯的复合体。"该定义侧重文化中的"软件"，强调文化多样性的统一，即知识、习俗、才能的复合体。这种理解影响了当时和后来的许多社会科学家，被认为从文化学学科角度定义文化的开始。英国人类学家马林诺夫斯基在《文化论》中提出，文化包括物质、精神、语言和社会组织四个方面，这些方面组成了不可分割的整体（郭齐勇，2014）。这一定义具有深远影响，曾是苏联和中国对文化的主流定义。此后，学者们从各个不同领域、不同角度对文化进行了详细的研究，但并没有形成统一的概念。美国文化语言学的奠基人萨丕尔从历史角度将文化定义为被民族学家和文化史学家用来表达在人类生活中任何通过社会遗传下来的东西，包括物质和精神两个方面（郭莲，2002）。罗海姆从心理学角度出发，认为文化是所有升华作用、替代物或反应形成物的总和（李芳，2006）。法国社会学家埃米尔·迪尔凯姆把文化看作社会事实，就是由社会全体人员在反复感觉和思考中作为一种制度固定下来的东西（胡伟，1999）。从社会学角度对文化概念的理解比较接近马克思、恩格斯提出的对"意识形态"性质的揭示。随着符号观点的引入，人们开始从符号学的角度理解文化。例如，学者克罗伯和克鲁克洪认为文化是通过符号而获得的，并通过符号传播的行为模型；其符号也像人工制品一样体现了人类的成就，在历史上形成和选择的传统思想，特别是其所代表的价值观念，是文化的核心；文化系统一方面可以看作行动的产物，另一方面又是进一步行动的制约因素（王恩涌，2000）。马克思主义经典作家恩格斯在 1876 年提出文化起源观，并指出文化作为意识形态，借助于意识和语言而存在，文化是人类特有的现象和符号系统（王威孚等，2006）。美国新进化论学派的代表人物怀特也提出文化符号论，即文化以符号为特征，文化是一个由技术体系、社会体系和观念体系构成的自成一体的现象领域，他认为正是有了符号，文化才有可能永存不朽（沈原等，1988）。从符号学的角度理解文化的概念是对文化理解的重大突破。此后，英国学者雷蒙·威廉斯从不同角度对文化问题进行了更为深入的思考，并概括出三种界定方式：第一种是思想的文化定义，即文化是人类完善的一种状态或过程，这一文化定义主要指向最优秀的思想和艺术经典；第二种是文献式的文化定义，即文化是知性和想象作品的整体；第三种是文化的"社会"定义，即文化是一种整体的生活方式，该定义奠定了文化研究的理论基础。其中提到的文化及生活方式与以往概念大不相同，将文化概念的界定推至更深远的境界。

英国"文化研究之父"斯图亚特·霍尔对威廉斯将文化定义为"一种整体的生活方式"给予了高度肯定，并在此基础上从文化作用角度拓展了文化的内涵。霍尔总结出，在传统的定义中，文化用来象征经典的文学、绘画、音乐及哲学作品；在现代定义中，文化用以指通俗音乐、出版、艺术、设计及文学，或那些大多数人日常的休闲娱乐活动；在人类学意义上，"文化"被用来指某一社区、社会集团、民族和国家"生活方式"的与众不同之处；在文化社会领域，文化涉及一个集团或社会的成员间的意义生产和交换，即"共享的意义"（徐亮等，2003）。

联合国教育、科学及文化组织（以下简称"联合国教科文组织"）为了收集各国文化统计数据，对文化及其产业也进行了界定。联合国教科文组织《文化统计框架—2009》将文化定义为"某一社会或社会群体所具有的一整套独特的精神、物质、智力和情感特征，除了艺术和文学以外，还包括生活方式、聚居方式、价值体系、传统信仰"。

可见，文化是与自然相对的概念范畴，其内涵丰富，包括了人类生活发展过程中融入人类精神的物质和非物质要素，是人类发展的结果，也是人类发展的象征和表达形式。

二、文化的结构与类型

文化是一个多重复合系统，其结构具有复杂的层次性、稳定性和等级性。文化的内涵丰富，包含社会生活的方方面面。文化的结构从不同的角度有不同的划分。例如，二分法将文化分为物质文化与精神文化、实体文化与观念文化、有形文化与无形文化、外显文化与内隐文化等；三分法将文化分为物质文化、制度文化与精神文化；四分法则把文化分为物质、制度、行为习惯、思想与价值（王晓鹏，2017）。目前，根据大多数学者的意见，学术界普遍使用文化结构三分法。马林诺夫斯基提出著名的"文化三因子"说，将文化结构分为物质、社会组织与精神生活三个层次。我国学者多采用此划分方法（费孝通，1987；张英，1994；钱穆，2012；王晓鹏，2017）。根据文化结构三分法的划分方法，在文化整体的系统中，物质文化是文化的基础和前提，制度文化是文化的调节和保障，精神文化是文化的核心和根本。

（一）物质文化

物质文化是人类为了生活、生存等需要而创造出来的物质产品中表达出来的文化，是外显的、最易被感知的文化要素。既包括具体的器物以及这些器物的生产、工艺和技术，又包括器物中体现出的人类的精神、欲望、智慧、爱好等。人类创造物质财富的总和、文化整体演进的基础构成了物质文化的内涵。物质文化是人类文化展示的重要载体，在服饰、饮食、居住、交通等方面表现得最为典型。

第一，服饰文化。服饰是一种典型的物质文化载体，是在不同的地理环境下人类文化的体现形式。服饰是人类精神创造和物质创造的聚合体，以一定的文化符号形式出现，服饰文化是指在服饰材料加工过程中所产生的相关的价值特性、风俗礼仪、伦理生活等，服饰及服饰所反映的文化观念共同构筑了人类有关伦理及审美的生活内容（姜建辉，2015）。而且服饰文化具有地域文化和时代文化的双重特点，可以充分展现一个地区文化的物质形态，具有明显的变迁性。

第二，饮食文化。饮食文化是指食物原料开发利用、食品制作和饮食消费过程中的技术、科学、艺术，以及以饮食为基础的习俗、传统、思想和哲学，即由人们食生产和食生活的方式、过程等结构组合而成的全部食事的总和（赵荣光，2008）。饮食文化同样带有地域特征，是一定地域人类社会发展过程中形成的体现典型物质文化的表现。饮食文化具有时代传承性，地域性的饮食特征在代与代之间传播扩散，变化相对缓慢。但是随着社会的进步，对于人们来说，饮食不再是单纯地为了满足生活的需要，而是成为人们享受生活、寻求乐趣的一个重要方面。在这样一种推动力的作用下，饮食制作工艺不断发展，形成了花样百出的菜肴珍品、风味独到的烹饪技术，同时也形成了各自相应的饮食习惯、饮食观念以及礼仪制度，这些成为饮食文化内涵的生动写照（胡梦楠，2014）。

第三，居住文化。在历史发展的过程中，人们在一定的居住环境基础上逐渐形成的居住形态，本质上反映了特定时期的经济、政治、文化生活背景与社会的互动关系（汪碧刚，2016）。具体包括住宅建筑倾向、环境营造以及居民的风俗习性、居住质量等，表现在居住区位的选择、居住区位的规划、住宅的造型和功能分区、室内装饰、物业管理和社区文化等诸多方面（秦云，2004）。居住文化具有明显的地域属性和时代属性，不同地域的居住文化差异明显，时代的变革也会导致居住文化内容的变化，但是居住文化的变化所需的时间较长，改变成本较高，变迁具有明显的时代指向。

第四，交通文化。交通文化体现在交通器物文化和交通理念文化两方面，其中交通器物文化属于物质文化的范畴，包括交通方式、工具、道路等方面的物质实体。交通文化同样是展现人类社会发展的文化要素，不同时代、不同地域的交通器物差异明显。同时，具有地方特色的交通器物也具有明显的文化含义。

（二）制度文化

制度文化强调文化的社会调节功能，反映个人与他人、个体与群体之间的关系。这种关系表现为各种各样的制度，如政治、经济、军事、教育、婚姻等制度，以及实施这些制度的组织机构。人们在参与社会活动的过程中，为了调节人与人之间各种关系，逐渐形成规范有关行为的准则，这种准则就称为制度。制度一旦形成，便成为人们正确行为的依据，并具有强制性和权威性，而且对物质文化和精神文化有重要的制约作用和影响（王恩涌，2000）。制度文化包括三个层面：一是由传统、习惯、经验与知识积累形成的制度文化的基本层面，反映着价值观念、道德伦理、风俗习惯等文化因素；二是由理性设计和建构的制度文化的高级层面，反映着一个社区、一个社会、一个国家的正式制度；三是包括机构、组织、设备等的实施机制层面（曾小华，2001）。制度文化既是精神文化的产物，又是物质文化的工具，其特点表现为强制性和权威性。制度变迁一般表现为缓慢的、递增的和持续的变化，如社会规则、价值观等的变化。制度文化与社会经济发展具有高度相关性，也和地域、时代有关系。

（三）精神文化

精神文化是文化的核心层，是人类在社会实践和意识活动中长期培育出来的价值观念、思维方式、道德情操、审美趣味、民族性格、文化信念、文化情趣等。精神文化是人类在改造自然和创造社会过程中的思维活动和精神活动，是人类的文化心态在观念形态上的反映，是文化整体的核心部分。精神文化是人类在文化基础上产生的各种意识观念形态的集合，对物质文化、制度文化的发展有着巨大的制约作用。

精神文化的结构可分为意识形态文化和社会心理文化。意识形态文化是指经过系统加工的社会意识，包括政治理论、法权观念等基础意识形态和哲学、文学、艺术等更具观念特征的意识形态。社会心理文化是指某一时代、某一地域、某一民族、某一社会形态下长期形成的集体文化心理结构，特别表现为人们思维方式、价值取向、伦理观念和审美情趣的不同。

精神文化是人类意识形态的反映，相对于物质文化而独立存在，因而具有相对独立性。精神文化由于内化于人的心理，长久地存在于民族文化的深层，具有固定性，所以难以发生改变。

三、文化产业的概念与类型

（一）文化产业的概念

"文化产业"这一名词是由法兰克福学派代表人物、德国社会学家霍克海默和阿多诺在两人合作的《启蒙辩证法》中共同提出的，他们着重阐述文化产业和大众文化的差异，并把文化产业看作一种独特的经济和文化形式，强调它所具有的社会属性和经济属性。

在 20 世纪 80 年代，联合国教科文组织提出了文化产业的概念，即文化产业就是以工业标准对文化产品和服务进行生产、分配、消费，使其商品化的一种活动。我国对文化产业的界定是"从事文化产品的生产和提供文化服务的经营性行业"。在这之后，"文化 + 产业"的新业态如雨后春笋般出现。也就是说，文化没有了以往那样明晰的产业边界，发展为要素的重新整合。文化产业与多种要素的融合产生多种业态，拉动了经济发展水平。中华人民共和国国家统计局（以下简称国家统计局）在 2018 年发布了《文化及相关产业分类》，指出文化产业是指为社会公众提供文化产品和文化相关产品的生产活动的集合。文化产业是绿色产业，有着广阔的发展前景，文化产业在经济迅速发展的前提下不断与其他产业进行融合，更进一步地为经济发展提供源源不断的动力。文化产业的概念在如今日新月异的时代不断地丰富。因此，本书认为，文化产业是运用现代的生产方式和先进的生产技术将文化商业化、产品化，进而满足人们的精神需求的一种现代化产业。

对于文化产业的概念界定一直以来都是不少学者争论和研究的热点。大多数学者认为，文化产业的概念需要从国家、文化及产业三个层面来界定。从国家层面来说，由于不同的国家具有不同的社会历史文化背景，因此产生了不同的文化产业的定义。从文化角度进行定义，即将文化产品视为一种精神产品的生产、交换和消费活动。从产业角度来说，文化产业活动是对那些被赋予文化价值的商品的经营。

本书综合以上对文化产业的定义，认为文化产业是指一切具有物质、精神文化内涵的生产、交换和消费活动，通过国家公益性、事业性和市场性的组织，以各种形式展现在大众面前，可以供大众进行文化生产、交换和消费的总和。

（二）文化产业概念的发展

文化产业概念的最早提出可以追溯到 20 世纪 40 年代，法兰克福学派理论家最早注意到了艺术创作在资本主义生产条件下可以转变为大量复制的文化生产。阿多诺、霍克海默把由传播媒介的技术化和商品化推动的主要面向大众消费的文化生产称为"文化工业"（Culture Industry）。文化工业可以看成文化产业发展的初级阶段。"文化工业"一词问世 30 年后，美国学者丹尼尔·贝尔在《后工业社会的来临》一书中提出了"文化产业"的概念，书中非常明确地将文化生产和消费、市场连接起来，揭示了文化与产业的相互作用规律，指出文化满足市场的趣味性、精致性需求，市场发挥了对文化发展的推动作用（李冬、陈红兵，2005）。文化产业的兴起与发展是当代社会经济、政治、文化融合发展在产业层面的具体表现。20 世纪 80 年代以来，文化产业在信息技术的推动下，日益呈现出规模不断扩大、内涵日趋丰富的发展趋势（荣跃明，2005），但是对于文化产业的概念界定还缺乏一致性的认识。日本学者日下公人认为，文化产业的定义应该是创造某种文化，销售这种文化和文化符号。他还指出创造文化需要五个基本条件，即雄厚的经济实力、国民文化水平的普遍提高、悠久的文化历史传承、提供大量的反思机会、为文化商品化服务的多种高级加工产业。联合国教科文组织将文化产业界定为"按照工业标准生产、再生产、储存以及分配文化产品和服务的一系列活动"。也有学者从创意产业角度界定文化产业，认为文化产业可以被理解为向消费者提供精神产品或服务的行业（李冬、陈红兵，2005）。《中华人民共和国国民经济和社会发展第十个五年计划纲要》将文化产业界定为文化部门所管理和指导的从事文化产品生产和提供文化服务的经营性行业。

国家统计局于 2004 年发布的《文化及相关产业分类》给出了文化及相关产业的界定："文化及相关产业是指为社会公众提供文化、娱乐产品和服务的活动，以及与这些活动有关联的活动的集合。"具体包括文化产品制作和销售活动、文化传播服务、文化休闲娱乐服务、文化用品生产和销售活动、文化设备生产和销售活动、相关文化产品制作和销售活动。

2012 年，国家统计局发布修改后的《文化及相关产业分类》，将文化及相关产业界定为为社会公众提供文化产品和文化相关产品的生产活动的集合，其范围包括：①以文化为核心内容，为直接满足人们的精神需要而进行的创作、制造、传播、展示等文化产品（包括货物和服务）的生产活动；②为实现文化产品生产所必需的辅助生产活动；③作为文化产品实物载体或制作（使用、传播、展示）工具的文化用品的生产活动（包括制造和销售）；④为实现文化产品生产所需专用设备的生产活动（包括制造和销售）。

2018 年，中国国家统计局颁布《文化及相关产业分类》的修订版本，提出的文化及相关产业的界定是为社会公众提供文化产品和文化相关产品的生产活动的集合，其范围包括：①以文化为核心内容，为直接满足人们的精神需要而进行的创作、制造、传播、展示等文化产品（包括货物和服务）的生产活动。具体包括新闻信息服务、内容创作生产、创意设计服务、文化传播渠道、文化投资运营和文化娱乐休闲服务等活动。②为实现文化产品的生产活动所需的文化辅助生产和中介服务、文化装备生产和文化消费终端生产（包括制造和销售）等活动。

可见，文化产业是为社会公众提供文化产品的生产活动，其内涵随着社会经济的发展而不断变化。

（三）文化产业的类型

由于文化产业内涵的不断演化，学术界对其的认识还没有达成一致，对于文化产业类型的划分也存在一定的分歧。例如，从创意产业角度对文化产业进行界定，其主要类型包括文学艺术业、广播影视业、新闻出版业、音像制品业、旅游娱乐业、教育信息业、策划展览业、体育竞技业等（李冬、陈红兵，2005）。联合国教科文组织《文化统计框架——2009》用文化周期的概念来体现文化生产和文化活动的流程，形成"创造、生产、传播、展览/接受/传递、消费/参与"五个阶段的循环。用文化领域、相关领域和横向领域的层级模型来体现文化生产和文化活动的类别，其中文化领域包括文化和自然遗产、表演和庆祝活动、视觉艺术和手工艺、书籍和报刊、音像和交互媒体、设计和创意服务六个类别；相关领域包括旅游业、体育和娱乐业；而非物质文化遗产、存档和保护、教育和培训、装备和辅助材料四个方面的活动与上述所有领域都有关联，因此将它们定义为横向领域。

中国国家统计局于 2004 发布《文化及相关产业分类》，并于 2012年、2018 年和 2022 年颁布了修订版，用以对文化产业进行统计分析。

1.《文化及相关产业分类》（2004）

2004 年，为贯彻落实党的十六大关于文化建设和文化体制改革的要求，建立科学、系统、可行的文化产业统计体系，规范文化及相关产业的范围，国家统计局依据《国民经济行业分类》（GB/ T4754—2002），制定了《文化及相关产业分类》，并将其作为国家统计标准颁布实施。《文化及相关产业分类》将文化及其相关产业分为四个层次：第一层按照文化活动的重要性分为文化服务和相关文化服务两大部分；第二层根据部门管理需要和文化活动的特点分为 9 个大类；第三层依照产业链和上下层分类的关系分为 24 个中类；第四层共有 80 个小类，它是第三层所包括的行业类别层，也是文化及相关产业的具体活动类别。

2.《文化及相关产业分类》(2012)

党的十七届五中全会提出"推动文化产业成为国民经济支柱性产业"的战略目标。党的十七届六中全会进一步强调推动文化产业跨越式发展，使之成为新的增长点、经济结构战略性调整的重要支点、转变经济发展方式的重要着力点，并对文化产业统计工作提出了新的要求。同时，由于新的《国民经济行业分类》(GB/T 4754—2011)的颁布实施，以及联合国教科文组织《文化统计框架—2009》的发布，文化新业态的不断涌现，因此有必要对 2004 年制定的《文化及相关产业分类》进行修订。本次修订在 2004 年制定的《文化及相关产业分类》的基础上进行，延续原有的分类原则和方法，调整了类别结构，增加了与文化生产活动相关的创意、新业态、软件设计服务等内容和部分行业小类，减少了部分不符合文化及相关产业定义的活动类别，将文化及其相关产业按照五个层次。

第一层包括文化产品的生产、文化相关产品的生产两部分，此分类与 2004 年不同，强调文化产品的生产。第二层根据管理需要和文化生产活动的自身特点分为 10 个大类，合并原大类"新闻服务"和"出版发行和版权服务"为"新闻出版发行服务"一个大类，包含内容略有调整；保留"广播电视电影服务""文化艺术服务""网络文化服务""文化休闲娱乐服务"四个大类，包含内容有所调整。其中，"网络文化服务"更名为"文化信息传输服务"；新增"文化创意和设计服务""工艺美术品的生产""文化产品生产的辅助生产"三个大类；取消原大类"其他文化服务"，将其中的"广告服务"移至新增的"文化创意和设计服务"大类中，其他内容移至新增的"文化产品生产的辅助生产"大类中；将原"文化用品、设备及相关文化产品的生产"和"文化用品、设备及相

关文化产品的销售"两个大类修订为"文化用品的生产"和"文化专用
设备的生产"两个大类。第三层依照文化生产活动的相近性分为 50 个中
类。第四层共有 120 个小类，是文化及相关产业的具体活动类别，直接
用《国民经济行业分类》（GB/T 4754—2011）相对应行业小类的名称和
代码表示。

　　与 2004 版本相比，新修订的版本增加了文化创意、文化新形态、软
件设计服务、具有文化内涵的特色产品的生产、其他。减少的内容包括
旅行社、休闲健身娱乐活动、教学用模型及教具制造、其他文教办公用
品制造、其他文化办公用机械制造和彩票活动等。由于文化业态的不断
融合，文化新业态不断涌现，许多文化生产活动很难确定是属于核心层
还是属于外围层，因此，此次修订不再保留三个层次的划分。

　　3.《文化及相关产业分类》（2018）

　　此次分类以《国民经济行业分类》（GB/T 4754—2017）为基础，根
据文化生产活动的特点将行业分类中相关的类别重新组合，是《国民经
济行业分类》的派生分类。本分类采用线分类法和分层次编码方法，将
文化及相关产业划分为三层，第一层为大类，共有 9 个大类；第二层为
中类，共有 43 个中类；第三层为小类，共有 146 个小类。

　　本分类建立了与《国民经济行业分类》（GB/T 4754—2017）的对应
关系。在本分类中，如国民经济某行业小类仅部分活动属于文化及相关
产业，则在行业代码后加"*"做标识，并对属于文化生产活动的内容进
行说明；如国民经济某行业小类全部纳入文化及相关产业，则小类类别
名称与行业类别名称完全一致。本分类全部小类对应或包含在《国民经
济行业分类》（GB/T 4754—2017）相应的行业小类中，具体范围和说明
可参见《2017 国民经济行业分类注释》。本分类中 01—06 大类属文化核
心领域，07—09 大类属文化相关领域。

2004、2012 和 2018 年中国国家统计局发布的《文化及相关产业分类》三次调整，体现了文化产业及其分类与我国《国民经济行业分类》趋向一致的特点。《国民经济行业分类》是文化产业内涵变化和类型演变的主要依据。随着国民经济的不断发展，文化产业的内涵不断变化，类型不断演变。

四、文化产业的特征

文化产业具有与其他产业不同的特性，虽然其出现晚于传统的经济产业部门，但是它与人类社会的创新发展和生活水平的提高息息相关，是社会发展和经济发展的产物。文化产业是产业性的文化行为，通过企业运作和市场行为使文化价值转化为市场经济中的商业价值，文化性和商品性合二为一，同时具有创意性（欧阳友权，2007）。虽然文化产业属于经济活动的一个类型，与物质生产产业有一致性，但同时也具有特殊性。

（一）文化产业的精神属性

文化产业生产的产品的使用价值不同于非文化产业的物质产业生产的产品，文化产业生产的文化产品的使用价值是用其文化内涵中的精神属性或精神要素满足消费者的需求，如听广播，看报纸、电影、电视，欣赏交响乐、演唱、绘画，摄影，读小说等。消费者在其接受和消费的文化产品中可以感觉到却不可触摸到精神要素，这是因为文化产业的产品是用它的精神属性或精神要素满足消费者的需求的。非文化的物质生产部门生产的物质产品的一个重要的本质特征是物质属性（杨绪忠、张玉玲、刘冶，2005）。文化产品的核心价值是其产品所具有的精神内涵，即内容。形式各异的文化产品因其内容而有价值，因此也可以称之为内容产品（荣跃明，2005）。正是这种精神属性，使得文化产品的价值是可创造的。伴随着社会经济的发展，文化产业的内涵和边界都在不断演化，其产品的价值不断更新。

（二）文化产业消费的审美属性与大众化

文化产业生产的产品具有鲜明的审美属性，其产品的形式和评判与一般商品相比具有鲜明的个性。文化产品作为一种精神消费品，对于消费者最大的使用价值就是其审美价值，文化产业的商品消费实际上就是一种审美商品的消费，从根本上同文化作为审美意识形态的消费区别开来，其中的关键就是文化产品的商品属性取代了它的意识形态属性，商品消解了意识形态。对文化产业的消费来说，审美属性和商品属性结合得越巧妙，消费就越成功（侯建军、乔荣生，2005）。例如，众多的好莱坞商业影片带给消费者的就是审美上的愉悦。

文化产业的发展同时又具有大众属性。文化的产业化发展和整个社会的发展相关联，体现的是时代性的大众文化需求特点。文化产业是对大众文化的消费，社会大众的需求是文化产业兴起的必要前提。越是大众化的消费，越能促进文化产业的发展，文化产业的消费一定程度上要"投众所好"（侯建军、乔荣生，2005）。

（三）文化产业的高度关联性和融合性

任何一个产业形态，都融入了不同的文化内涵。例如，饮食文化、居住文化、汽车文化等，无一不反映着不同的文化价值取向，因而文化产业与其他产业有共生性和融合性（李冬、陈红兵，2005）。这两种特性导致文化产业与其他产业之间存在紧密关系，这种共生和融合特征也使得综合型产业类型出现，如文化产业和旅游产业融合就可以形成文化旅游产业。其他众多商品也可以归类为文化产业的衍生产品，如与动画产业相关的玩具、文化用品、服装等都属于文化产业的衍生产品。文化产业同其他产业部门的高度融合性，使得社会经济产业结构不断发展，产业的层次性不断提升。

　　文化是与自然相对的概念，内涵丰富，是由人类物质、制度和精神等层面构成的多重复合系统。为社会公众提供文化产品的生产活动构成了文化产业，其具有精神与审美属性，同时具备高度的关联性和融合性。随着社会经济的发展，文化产业的类型和内涵表现出相应的变化。

第二节　旅游与旅游产业

一、旅游及旅游产业概述

（一）旅游与游客

　　旅游活动在原始社会末期就开始出现，早期游学、保健、探险、经商等简单的旅游活动发展成为当代的观光、休闲度假、娱乐、购物、冒险等综合性的旅游活动。对于旅游的概念界定有一定的难度，曾被称为是一项"哥德巴赫猜想式的难题"（窦群，2001）。最早真正赋予旅游科学概念的是瑞士学者汉泽克尔（Hunziker）和克拉普夫（Krapf）。他们在1942年于《普通旅游学纲要》中提出，"旅游是非定居者的旅行和暂时居留而引起的一种现象及关系的总和。这些人不会永久居留，并且主要不从事赚钱的活动"（李天元，2006）。1991年，世界旅游组织（United Nations World Tourism Organization，UNWTO）在加拿大渥太华召开了国际旅行与旅游统计大会，此时旅游被正式界定为"人们为了消遣、商业和其他目的离开通常环境去往他处并在那里逗留不超过一年的活动"。1993年，世界旅游组织再次提出旅游的定义，认为"旅游是人们出自除获取报酬以外的任何目的而向其日常环境以外的地方旅行并在该地停留不超过一年所产生的活动"。

　　从供给的角度看，旅游是"人们出于移民和就业任职以外的其他原因而离开自己的常住地前往异国他乡的旅行和逗留活动，以及由此所引起的现象和关系的总和"（李天元，2003）。从需求的角度看，旅游是"个人以前往异地寻求愉悦为主要目的而度过的一种具有社会、休闲和消费属性的短暂经历"（谢彦君，2004）。旅游是在闲暇时间内所从事的游憩活动的一部分，它是在对应的经济条件下产生的一种社会经济现象，是人类物质文化生活的一个部分。旅游的一个显著特点是要离开居住地或工作的地方，短暂前往一个目的地从事各种娱乐活动，同时，旅游目的地要提供各种设施以满足其需要（保继刚，2013）。《国家旅游及相关产业统计分类》（2018）中介绍，旅游是指游客的活动，即游客的出行、住宿、餐饮、游览、购物、娱乐等活动；游客是指以游览观光、休闲娱乐、探亲访友、文化体育、健康医疗、短期教育（培训），或因公务、商务等为目的，前往惯常环境以外，出行持续时间不足一年的出行者。

　　虽然关于旅游活动的概念界定有一定的差异，但对其实质人们有一定程度的统一认识，即旅游活动是人们在闲暇时间所从事的游憩活动，不属于人的基本生存需要，是在一定的社会经济条件下产生的一种社会经济现象，是人类物质文化生活的一个部分。在一定程度上，旅游活动可以使人们获得精神上的满足。旅游活动在空间上表现为特殊的区域系统，由旅游客源地、旅游目的地和旅游通道三部分构成，游客由客源地出发经过旅游通道到达旅游目的地，短暂停留、游览之后再通过旅游通道返回旅游客源地（保继刚，2013）。游客由客源地出发到达目的地暂时停留，这一过程涉及若干产业部门，如交通、住宿、餐饮、景区景点、旅行社、零售业等。

　　（二）旅游产业

　　1. 旅游产业的定义

　　旅游经济活动是旅行活动采用商品交换形式所形成的游客同旅游经营者之间的需求和供给关系以及由这种关系引起的旅游业同政府和

社会经济中其他相关行业之间的经济联系和经济关系的总和（林南枝，2000）。与传统的界定产业标准相比，旅游业还存在一定的特异性：第一，旅游业并非由同类企业所构成，这些企业的业务或产品自然也不尽相同，如饭店、航空、旅行社等业务明显不同；第二，旅游业的投入和产出难以清晰地测算和确定，其服务对象不仅限于游客，交通运输、住宿、餐饮等均包括对非游客的服务；第三，绝大多数旅游企业实际上都隶属于某一传统的产业，如航空公司隶属于交通运输业（李天元，2002）。因而，在旅游发展的早期阶段，很多国家和地区经济产业门类中并没有单独的旅游业。

1980 年之后，我国的旅游业取得迅速的发展，逐渐打破了旅游景区和旅行社原有的传统经营模式，在餐饮、住宿、交通、游览、购物、娱乐等多个领域都有所涉及，旅游产业的概念也随之而来。国内外学者对于旅游业是否属于一种产业的问题存在着很多争议。有学者认为旅游业对经济和社会起着很大的作用，旅游业属于产业。但也有学者则认为旅游业不属于产业，而是一个行业。直到现在旅游业是否属于产业这个问题还存在争议。

1991 年我国政府将旅游业定义为一种产业，并列入第三产业的重点发展对象，至此，我国正式将旅游业作为一种产业，在官方得到证明。2009 年国务院发布的《国务院关于加快发展旅游业的意见》中明确指出了要把旅游业培育成中国国民经济的战略性支柱性产业。综上可知，我国十分重视旅游业的发展，旅游业其实本质上是一个经济性产业。

学术界对旅游业定义存在多种定义，大致可分为广义和狭义两种。狭义的旅游业，是指仅从事与旅游相关的行业，如旅游商业、旅行社、导游公司等行业。广义上的旅游业是指除了从事特定旅游业务的行业外，还包括为旅游业直接提供物质、文化、人文、管理、信息等服务和支持的行业。马波（1999）认为旅游业的外延较宽，因此属于一个产业，是一种国民消费的旅游产业。朱四海（2002）认为旅游业是一种综合性行业，它是依托旅游资源，利用旅游设施吸引游客，为游客提供餐饮、住宿、交通、游览、购物、娱乐等环节的服务行业。从供给角度来看，旅游业是以旅游资源为凭借、以旅游设施为条件，向游客提供活动所需的各种产品和服务的经济行业，是现代旅游活动的一个重要组成部分（林南枝，2000）。从需求角度来看，旅游业是由各个生产或销售能满足游客愉悦需要的核心旅游产品的旅游企业构成的集合（谢彦君，2004），是"直接或间接为游客提供服务或生产产品企业的集合"（邵琪伟，2012）。无论是吃住行游购娱等行业，还是各类劳务部门和企业，只要能够为游客提供各类相关服务，便可视为旅游产业的一部分。（张凌云，2000）随着社会经济生活的发展，旅游业的经济特性日益明显，虽然产业界定困难，但是其产业属性已得到认可。一般来讲，旅游业是以游客为对象，为其旅游活动创造便利条件并提供所需商品和服务的综合性产业（李天元，2002）。

传统的旅游要素是"吃、住、行、游、购、娱"，但是随着旅游产业的飞速发展，旅游要素也在不断拓展，除了传统六要素之外，还包括"康养、体验"等要素，旅游业的产业链条不断扩大。也就是说，一个现代的旅游精品项目需要更多来自各行各业的支撑，包括文化产业、交通运输业、制造业、商业等延伸产业。因此，旅游业对社会就业的促进作用不容小觑。对于我国广大的乡村地区来说，旅游业是能够促进乡村产业结构升级、资源可持续利用、人才回流的一本万利的"金产业"，其利好优势远大于其消极作用。旅游业具有综合性、经济性、依赖性、带动性、外向性等特征。综合性是指旅游业发展过程中涉及多种多样的领域；经济性是指发展旅游业的根本目标；依赖性是指旅游产业对于文化旅游资源、交通运输、地理位置等条件要求较高，发展旅游产业具有一定门槛；带动性是指旅游产业在发展过程中会对该地区其他产业产生积极带动作用，并在一定程度上促进经济发展；外向性是指旅游产业在靠优质资源吸引游客的过程中，能够推动人与人之间进行跨地域的交流。

总而言之，旅游产业就是以旅游资源、基础设施作为基础，为消费者提供相关旅游产品和服务的综合性产业，它能够在带动相关产业发展的同时满足消费者精神上的愉悦和享受，是一种更高阶段的社会消费形式。

2. 旅游产业的分类

（1）旅游产业类型

旅游产业有狭义和广义之分。从狭义角度来看，旅游业仅包含了一些与旅游直接相关的产业类型。从广义角度来看，只要和旅游业相关的产业，都应划入旅游业的范围中，其中最具有典型意义的是世界旅游业理事会（WTTC）的观点，WTTC认为旅游产业包括直接和间接受到旅游业影响的行业。根据联合国的《国际产业划分标准》，旅游业主要由三部分构成，即旅行社、旅游交通和饭店业，在我国人们通常将其称为旅游业的"三大支柱"。英国学者维克托·米德尔顿（1988）将旅游业划分为旅行社、交通客运部门、以旅馆为代表的住宿业、游览场所经营部门和各级旅游管理组织五大部分，揭示了旅游业的内部结构，在旅游研究领域产生了较大影响（见图2-1）。从游客活动来看，构成旅游业的并不只是这五部分，旅游业的构成包括了旅行社、以饭店为代表的住宿业、餐馆业、交通客运业、游览娱乐行业、旅游用品和纪念品销售行业等（李天元，2002）。

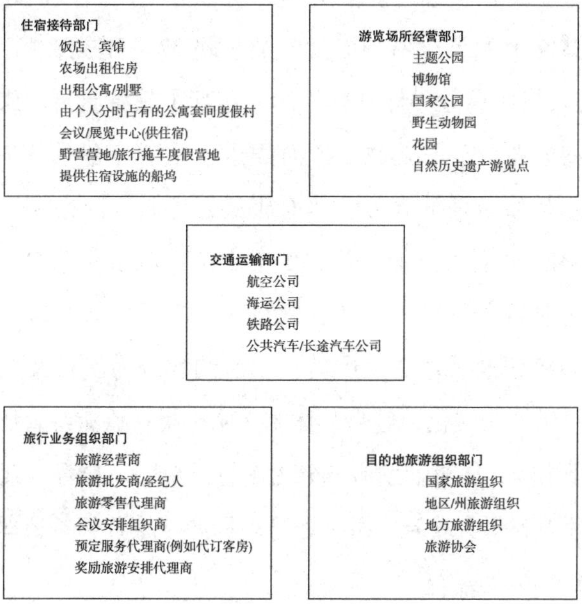

```
住宿接待部门                          游览场所经营部门
    饭店、宾馆                            主题公园
    农场出租住房                          博物馆
    出租公寓/别墅                         国家公园
    由个人分时占有的公寓套间度假村          野生动物园
    会议/展览中心(供住宿)                 花园
    野营营地/旅行拖车度假营地              自然历史遗产游览点
    提供住宿设施的船坞

                    交通运输部门
                        航空公司
                        海运公司
                        铁路公司
                        公共汽车/长途汽车公司

旅行业务组织部门                      目的地旅游组织部门
    旅游经营商                            国家旅游组织
    旅游批发商/经纪人                      地区/州旅游组织
    旅游零售代理商                        地方旅游组织
    会议安排组织商                        旅游协会
    预定服务代理商(例如代订客房)
    奖励旅游安排代理商
```

图 2-1　旅游业结构

资料来源：Victor T. C. Middleton, Marketing in Traveland Tourism, London, 1988。转引自李天元的《旅游学》，高等教育出版社 2002 年版。

（2）《国家旅游及相关产业统计分类》（2018）

旅游业的划分既有国际标准也有区域标准。我国目前实行的标准是中国国家统计局 2018 年发布的《国家旅游及相关产业统计分类》。该标准为加快旅游业发展，科学界定旅游及相关产业的统计范围，依法开展旅游统计调查监测，依据《中华人民共和国统计法》《国务院关于促进旅游业改革发展的若干意见》（国发〔2014〕31 号），参照《国民经济行业分类》（GB/T 4754—2017）制定。该分类分为旅游业和旅游相关产业两大部分，其中旅游业是指直接为游客提供出行、住宿、餐饮、游览、购物、娱乐等服务活动的集合，旅游相关产业是指为游客出行提供旅游辅助服务和政府旅游管理服务等活动的集合。

该分类将旅游及相关产业划分为三层，分别用阿拉伯数字表示第一层为大类，共 9 个大类；第二层为中类，共 27 个中类；第三层为小类，共 65 个小类。按照该分类标准，旅游业包括了旅游出行、旅游住宿、旅游餐饮、旅游游览、旅游购物、旅游娱乐、旅游综合服务 7 个大类，旅游相关产业包括旅游辅助服务和政府旅游管理服务两大类。旅游出行包括铁路、道路、水上、空中、其他 5 个中类；旅游住宿分一般和休养 2 个中类；旅游餐饮分正餐、快餐、饮料、小吃、餐饮配送 5 个中类；旅游游览分公园景区及其他 2 个中类；旅游购物分为出行及旅游商品 2 个中类；旅游娱乐分为文化、健身、休闲 3 个中类；旅游综合服务分为旅行社及其他 2 个中类；旅游辅助服务分为出行、金融、教育、其他 4 个中类；政府旅游管理服务只有政府旅游事务管理和涉外旅游事务管理 2 个中类。

3. 旅游产业的特征

（1）多样性

旅游业通过提供旅游产品来满足游客的需要，而游客的需要是多种多样的，即包括从离家外出直至返回定居地这一期间在行、住、食、游、购、娱等方面的多重需要（李天元，2002）。在旅游活动过程中，游客需求的多样性导致了旅游产业的多样性特征。在旅游消费过程中，游客除了对核心旅游吸引物的观光、娱乐等需求外，还包括在食、住、行、购等多个方面的基本需求，因此旅游产业涉及交通餐饮、建筑、文化、卫生、邮电、通信等部门。另外，游客的消费也表现出多层次的特征，有基本的大众观光旅游，也有度假娱乐、探险等层次的旅游，同类旅游产业内部表现出多样性的特点。

（2）关联性

旅游产品是一个总体的概念，包含了实现一次全程旅游活动可能需要的各种服务的组合（王大悟、魏小安，2000）。旅游产品可以分为整体旅游产品和单项旅游产品。整体旅游产品是包括食、住、行、游、购、娱等旅游要素的整合型旅游产品，由旅游活动中各个消费环节构成；单项旅游产品是指饮食、购物、住宿、娱乐等环节也可以成为游客一次出游的重要吸引物。无论是单项旅游产品还是整体旅游产品，游客在空间上均实现了由客源地到目的地的位移和消费行为，这期间除了满足游客的旅游需要之外，还必须满足其一些基本的生存需要，涉及旅游通道和旅游目的地的基本设施、服务设施等相关部门。因而，旅游活动的整个过程与社会经济的产业部门和公共事业部门都具有极高的关联性。旅游产业的运转需要各部门和各行业的配合，同时旅游经济也对社会各部门和各行业产生重要的影响。

　　旅游产品的关联性还表现为旅游活动过程中任何服务环节之间都是息息相关的。旅游业与各个行业联系在一起，其中任何一个行业的滞后或行为失误，都会造成游客对该地总体旅游产品的不良评价，从而导致其他行业客源量的减少（李天元，2002）。因而，地方旅游业的发展要以整体发展为目标。

　　（3）资源依赖性

　　旅游资源具有自在性的特征，先于旅游活动而存在。旅游产业的发展对核心旅游吸引物具有高度依赖性，旅游活动往往是在具有绝对或相对资源垄断性的地区率先发展起来的。游客除自身需求之外还受到旅游目的地资源的吸引，才在地理空间上产生旅游活动，旅游经济活动存在于客源地的推动和目的地的拉动作用机制之上。对游客产生拉力的更多为目的地既有的旅游资源，这种旅游资源可以是山、水、植物、动物等物质景观，也可以是民俗、礼仪等非物质景观。旅游业依赖于这些目的地的旅游资源，只有产生旅游吸引力的旅游目的地才具备发展旅游业的基础条件

　　（4）脆弱性

　　与其他产业相比，旅游产业对地区经济具有带动作用，同时旅游产

业也是一种无形的出口产业，一项极不稳定的出口产业（保继刚，2013）。同其他产业部门相比，旅游业更脆弱。其脆弱性体现为旅游活动最容易受到自然、社会和经济环境的影响，一旦外界环境因素发生变化，旅游业的运行即会受到影响。同时，作为个体的游客，其收入、偏好、闲暇时间也是容易发生变化的，这就使得旅游业更为容易受到外部因素的影响。

（5）交叉性

从《国家旅游及相关产业统计分类》（2018）中不难发现，部分旅游产业部门与居民生活需求产业部门高度交叉，旅游出行、住宿、餐饮、购物等产业部门均具有服务于地方居民和游客的双重属性。旅游产业既为游客提供服务，又为地区居民提供服务。旅游产业与地方经济产业部门之间存在明显的交叉性，这种属性也导致了旅游产业经济部门在早期阶段并没有被单独列出，而是分散在地区各相关部门之中。

二、旅游可持续发展理论

1990年，在加拿大温哥华召开的全球可持续发展旅游分会上，拟定了全球"《旅游可持续发展宪章（草案）》"。拟定此宪章的意义为：促进各类资源高效利用、循环使用，在满足社会经济发展的前提下，又能维持自然资源和人文资源的完整性和持续性。1993年，《可持续旅游》学术刊物在英国出版，这标志着旅游可持续发展的理论体系已初步形成。

旅游可持续发展是一种涉及经济、社会、生态和文化等统一协调发展，要求保护现有的资源和潜在资源的基础上，科学利用旅游资源。覃建雄（2018）认为，作为自觉负责任的可持续旅游和复杂、动态的综合动力学系统，旅游可持续发展理论在强调旅游功能、保护功能、教育功能和促进社区协调发展功能四大基本功能的基础上，极力主张旅游发展的"五观"，即旅游发展的自觉责任观、动力系统观、可持续旅游观、全域发展观和生态文明观，并进一步强调，从某种程度上讲，生态旅游是一个地区或国家重要的综合软实力，也是维护世界公平、公证、正义、和平的重要力量。农文旅融合发展要以自然景观资源、农业资源和文化资源为依托，因此发展过程中要始终坚持可持续发展原则。

旅游活动是人们在闲暇时间离开常住地所从事的游憩活动，为旅游活动提供产品和服务的部门构成旅游产业。旅游产业具有多样性，与国民经济各部门具有高度的交叉性和关联性，同时具有资源依赖性和脆弱性的产业特征。

第三节　乡村振兴

在我国实现现代化的过程中，乡村振兴战略已成为具有全局性、历史性的任务。实施乡村振兴战略的总目标是农业农村现代化，总方针是坚持农业农村优先发展，总要求是产业兴旺、生态宜居、乡风文明、治理有效、生活富裕，制度保障是建立健全城乡融合发展体制机制和政策体系。目前，乡村振兴面临着防止农村的凋敝、发展好农业等一些现实问题。分步骤、分重点实施乡村振兴战略是新时代切实解决好"三农"问题的总抓手。

在总要求的基础上，通过建立完善城乡融合发展机制、发展农村特色产业、提升农民收入水平、改善农村人居环境等系列举措，全力推动农业农村现代化。乡村振兴战略在新农村建设以及脱贫攻坚政策的基础上，强调了产业、人才、文化、生态、组织五大方面的全面振兴，这不仅是"五位一体"总体布局在"三农"问题上的具体体现，更体现了全面、全体、全局思想。在实施乡村振兴战略过程中，推动文化振兴，在社会主义核心价值观的指导下，改善农村文化环境，开展移风易俗活动，从根本上改善农民的精神风貌，与社会主义文化建设、文旅融合发展有着重要关联。充分发挥我国源远流长的农耕文明，解决好人多地少等矛盾，坚持走中国特色乡村振兴之路，利用好风俗习惯、村规民约等优秀传统文化基因，从文化角度把乡村振兴战略这篇大文章做好。政府要发挥引领作用，着眼长远谋定而后动，为文化传承和旅游业可持续发展创造实践经验，为实施乡村振兴战略提供坚强政治保证。

第四节　文旅融合发展

关于"文旅产业（Cultural Tourism Industry）"的概念，国外学者主要是基于文化创意产业发展和旅游创意工作的特性探索文化和旅游业融合发展。国内学者主要从国家政策导向与政府机构改革现状的视角出发，从产业结构优化的需要和消费需求的升级两方面的现实需求出发，对文旅融合进行了概念界定。华华（2018）提出文旅融合是指文化产业与旅游产业相互联系、相互渗透，最终融为一体诞生新业态和新产品的过程。袁海波（2019）认为文化产业与旅游产业融合是指在政府管制、企业运作和技术创新等推动下，文化产业相关产业链与旅游产业各个产业链相互影响、相互交叉，引起经济活动的业务边界和产品边界消失或模糊，逐渐形成新产品或新业态的过程。

文旅产业融合是符合产业发展规律的，能够产生"一加一大于二"的效果。从产业融合的思想来看，国内一些学者指出所谓产业融合指的是不同产业或者行业之间的业务、组织、管理和资源整合后，原有产业特征产生变化，导致产业界限的模糊化，甚至产生新的业态。从文旅产业的发展历程来看，文化产业与旅游产业是密不可分的，文化产业与旅游产业相互交叉和重叠。文化能够吸引游客，助推旅游业的发展，旅游业能够能更好地传承文化，为文化的发展、传播、创新提供路径支撑，文化产业和旅游产业相互依存、相互促进。当前学术界对文旅产业融合关系有两种基本看法：一种强调两者的差异性，认为文旅融合是其中一个产业融入另一个之中；另一种则是将文化产业、旅游产业看作一种产业，不进行细致分类。

因此，文化与旅游两大产业的融合是一个逐步发展的过程，本质上是一种资源优化整合，是一种动态创新过程，更是一种系统多元的融会贯通。旅游产业是文化内涵的载体，文化资源也是旅游产业的精华，文化产业和旅游产业相互支撑，它们之间的界限愈加模糊。但是旅游产业和文化产业之间仍存在着一定的差别，这种差异性和包容性和谐共存，共同发展。借鉴已有的文献，本书认为，文旅融合是在国家机构改革的背景下、在文旅产业发展的需要下，以及技术创新和旅游需求多样化的推动下，文化产业与旅游业逐渐联系和渗透，形成了新业态的动态过程，是产业发展的一种新趋势。从文化产业和旅游产业的内涵来看，文化产业具有依附性，在产业融合中表现为文化精神内容与其他产业物质载体的结合。旅游产业是一个具有开放性的综合性产业。因此，文旅融合的实质是一个文化产品融入旅游活动的过程。

一、文化和旅游的关联性

（一）文化和旅游活动的关联

文化对旅游活动的开展具有推拉的双重作用。游客因被旅游目的地的文化所吸引而出游，旅游地通过挖掘自身的文化资源开发旅游产品。

一方面，文化促进旅游活动的开展，文化和旅游活动存在高度的关联性。文化既是旅游活动的推动因素，也是旅游活动的拉动因素。旅游活动的发生在空间上的表现即为游客受到目的地的吸引而到访旅游目的地的过程，其中文化是最重要的吸引要素，是促使游客出游的重要驱动力。20世纪80年代，旅游研究者认识到文化本身就可以成为一种商品，从而给文化旅游发展创造了极好的机会。有一部分人是在对某一目的地的文化或遗产有了更深刻的了解后才去旅行的（Tighe，1986）。20世纪

90 年代，当大众旅游市场开始细分时，人们对文化旅游的实质加以确认。文化旅游已成为拥有大众市场的活动（Greg，1996；Jadran，1999）。文化旅游地的多功能性是文化旅游地受游客欢迎的关键因素（McKercher，2004）。文化的差异是人们外出旅游的外动力（保继刚，2013），人们出游的文化动机表现为人们为了认识、了解自己的生活环境和知识范围以外的事物而产生的动机，其最大的特点是希望了解异国他乡的音乐、艺术、民俗、舞蹈、绘画等情况（李天元，2002）。了解异域文化是人们出游的重要推动因素。

另一方面，旅游资源的界定同样表现出了文化和旅游活动的相关性。旅游资源是那些对游客具有吸引力的自然存在和历史文化遗产，以及直接用于旅游目的的人工创造物（保继刚、楚义芳，1999）；也是指客观存在于一定地域空间并因其所具有的愉悦价值而使游客为之向往的自然存在、历史文化遗产或社会现象（谢彦君，2004）。目前我国采用的现行国家标准（GB/T 18972—2017）认为，旅游资源是指自然界和人类社会凡能对游客产生吸引力，可以为旅游业开发利用，并可产生经济效益、社会效益和环境效益的各种事物和现象。通过对比，我们发现关于文化要素对于旅游资源的界定，早期更为关注历史文化要素，进而增加社会文化要素，目前文化旅游资源的内涵则更为宽泛，只要是能吸引游客到访的文化要素均被认定在文化旅游资源范畴中。这种宽泛性的文化旅游资源的界定是文化发展的必然结果。在旅游目的地的吸引物体系中，自然要素地域指向性明显且变化相对缓慢；文化要素同样具有地域指向性，但具有变化相对快速的特征，促使目的地文化吸引要素的内涵和范畴逐渐加大，也进一步加强了文化和旅游活动之间的关系。

（二）旅游活动的开展可以促进文化的恢复和传播

旅游活动和文化密不可分。文化除了可以作为旅游资源进行旅游产品开发之外，还可以增加旅游产品的内涵和增强旅游产业竞争力，旅游活动的开展也可以促进文化的传播和保护。旅游目的地在开发旅游产品的过程中深入挖掘地方文化内涵，使其成为具有吸引力的文化旅游产品。这种过程不仅表现为对旅游目的地已有文化资源的开发利用，也包括对已经消失或弱化的文化资源的恢复和修复，对旅游地文化资源的保护和利用起到积极的作用。同时，文化要素的加入，也能够促进其他旅游产品的开发利用，加深其内涵。

文化产业和旅游产业存在关联和交叉。文化产业和旅游产业虽然分属于不同的产业系统，但两者具有高度的相关性。文化产业和旅游产业从理论上可以形成一种共生关系，这种共生关系建立在两大产业的内涵和特性基础之上。在旅游产业逐渐走向多元化的中国，文化将发挥越来越重要的作用，尤其是作为经营性质的文化产业与旅游产业的互动发展将是旅游产业链延伸的重要途径。

从概念和类型划分来看，旅游产业和文化产业之间在产业内涵上存在高度的关联性，甚至产业内容高度重合。《文化及相关产业分类》（2018）中认为，文化及相关产业是指为社会公众提供文化、娱乐产品和服务的活动，这些活动与旅游活动密切相关。旅游活动本质上具有经济属性、社会属性和文化属性，旅游活动也是文化传播的过程。旅游产业具有文化产业和经济产业的双重属性，是文化活动和经济活动的有机结合，旅游产业的这种本质属性决定了其与文化产业的不可分割性。

文化产业和旅游产业的相关性受到了研究人员的关注，其中被关注较多的是影视产业与旅游产业的关系。研究结果表明，影视产业的发展能够影响旅游目的地形象的构成（Schofield，1996；Kim，2003；Riley、Doren，1992），还能够直接促使旅游目的地游客数量的快速提升（Reley，1998；Tooke，1996），而作为影视外景地的旅游目的地则需要适时抓住这种曝光机会才能拉动旅游业的发展（Tooke，1996）。中国旅游在从观光游向深度休闲度假游转变的过程中，旅游产品和服务的供给越来越离不开对文化的挖掘。这成为旅游目的地留住游客的重要手段。丰富的文化体验尤其是旅游目的地的文化体验，成为自然风光之外旅游产品开发最重要的依托，文化成为旅游产品的灵魂，文化产品的开发也是延长旅游产业链的重要依托（叶一剑，2017）。文化产业和旅游产业的交叉使两者之间的产业融合进一步深入。

二、文化和旅游管理体制

（一）文化和旅游管理职能交叉

由于文化和旅游之间的资源和产业关联，文化和旅游行政管理部门在职能方面存在明显的交叉。原文化部有文化事业和产业功能，管理有旅游潜力的文物保护单位和文化遗产，管理具有旅游活动性质的文化活动和艺术活动，负责与旅游产业有重要关联的动漫等文化产业的发展规划。原国家旅游局的职责主要是统筹协调旅游业的发展，涉及资源普查、规划、保护等工作任务，其资源普查、活动的组织与推广、市场质量的管理等职责与原文化部存在明显的交叉。两部门职能权属的交叉在一定程度上不利于整体战略的制定和具体工作的开展

（二）文化和旅游部的设立

文化和旅游管理部门的职能交叉促进了管理体制的融合。2018 年 3 月，十三届全国人大一次会议表决通过了《第十三届全国人民代表大会第一次会议关于国务院机构改革方案的决定》，批准设立中华人民共和国文化和旅游部。文化和旅游部的设立为文化和旅游的深层次融合发展提供了体制保障。文旅管理体制的理顺，提升了文化和旅游资源的内涵，提出了文旅资源、文旅产业等关键词汇，进一步促进了文旅融合的深化发展。

1. 文化和旅游部主要职责

①贯彻落实党的文化工作方针政策，研究拟订文化和旅游政策措施，起草文化和旅游法律法规草案。

②统筹规划文化事业、文化产业和旅游业发展，拟订发展规划并组织实施，推进文化和旅游融合发展，推进文化和旅游体制机制改革。

③管理全国性重大文化活动，指导国家重点文化设施建设，组织国家旅游整体形象推广，促进文化产业和旅游产业对外合作和国际市场推广，制定旅游市场开发战略并组织实施，指导、推进全域旅游。

④指导、管理文艺事业，指导艺术创作生产，扶持体现社会主义核心价值观、具有导向性代表性示范性的文艺作品，推动各门类艺术、各艺术品种发展。

⑤负责公共文化事业发展，推进国家公共文化服务体系建设和旅游公共服务建设，深入实施文化惠民工程，统筹推进基本公共文化服务标准化、均等化。

⑥指导、推进文化和旅游科技创新发展，推进文化和旅游行业信息化、标准化建设。

⑦负责非物质文化遗产保护，推动非物质文化遗产的保护、传承、普及、弘扬和振兴。

⑧统筹规划文化产业和旅游产业，组织实施文化和旅游资源普查、挖掘、保护和利用工作，促进文化产业和旅游产业发展。

⑨指导文化和旅游市场发展，对文化和旅游市场经营进行行业监管，推进文化和旅游行业信用体系建设，依法规范文化和旅游市场。

⑩指导全国文化市场综合执法，组织查处全国性、跨区域文化、文物、出版、广播电视、电影、旅游等市场的违法行为，督查督办大案要案，维护市场秩序。

⑪指导、管理文化和旅游对外及对港澳台交流、合作和宣传、推广工作，指导驻外及驻港澳台文化和旅游机构工作，代表国家签订中外文化和旅游合作协定，组织大型文化和旅游对外及对港澳台交流活动，推动中华文化走出去。

⑫管理国家文物局。

⑬完成党中央、国务院交办的其他任务。

2. 文化和旅游部内设机构

为完成党中央、国务院交办的其他任务，文化和旅游部设下列内设机构：

①办公厅。负责机关日常运转工作。组织协调机关和直属单位业务，督促重大事项的落实。承担新闻宣传、政务公开、机要保密、信访、安全工作。

②政策法规司。拟订文化和旅游方针政策，组织起草有关法律法规草案，协调重要政策调研工作。组织拟订文化和旅游发展规划并组织实施。承担文化和旅游领域体制机制改革工作。开展法律法规宣传教育。承担机关行政复议和行政应诉工作。

③人事司。拟订人才队伍建设规划并组织实施。负责机关、有关驻外文化和旅游机构、直属单位的人事管理、机构编制及队伍建设等工作。

④财务司。负责部门预算和相关财政资金管理工作。负责机关、有关驻外文化和旅游机构财务、资产管理。负责全国文化和旅游统计工作。负责机关和直属单位内部审计、政府采购工作。负责有关驻外文化和旅游机构设施建设工作。指导、监督直属单位财务、资产管理。指导国家重点及基层文化和旅游设施建设。

⑤艺术司。拟订音乐、舞蹈、戏曲、戏剧、美术等文艺事业发展规划和扶持政策并组织实施。扶持体现社会主义核心价值观、具有导向性代表性示范性的文艺作品和代表国家水准及民族特色的文艺院团。推动

各门类艺术、各艺术品种发展。指导、协调全国性艺术展演、展览以及重大文艺活动。

⑥公共服务司。拟订文化和旅游公共服务政策及公共文化事业发展规划并组织实施。承担全国公共文化服务和旅游公共服务的指导、协调和推动工作。拟订文化和旅游公共服务标准并监督实施。指导群众文化、少数民族文化、未成年人文化和老年文化工作。指导图书馆、文化馆事业和基层综合性文化服务中心建设。指导公共数字文化和古籍保护工作。

⑦科技教育司。拟订文化和旅游科技创新发展规划和艺术科研规划并组织实施。组织开展文化和旅游科研工作及成果推广。组织协调文化和旅游行业信息化、标准化工作。指导文化和旅游装备技术提升。指导文化和旅游高等学校共建和行业职业教育工作。

⑧非物质文化遗产司。拟订非物质文化遗产保护政策和规划并组织实施。组织开展非物质文化遗产保护工作。指导非物质文化遗产调查、记录、确认和建立名录。组织非物质文化遗产研究、宣传和传播工作。

⑨产业发展司。拟订文化产业、旅游产业政策和发展规划并组织实施。指导、促进文化产业相关门类和旅游产业及新型业态发展。推动产业投融资体系建设。促进文化、旅游与相关产业融合发展。指导文化产业园区、基地建设。

⑩资源开发司。承担文化和旅游资源普查、规划、开发和保护。指导、推进全域旅游。指导重点旅游区域、目的地、线路的规划和乡村旅游、休闲度假旅游发展。指导文化和旅游产品创新及开发体系建设。指导国家文化公园建设。承担红色旅游相关工作。

⑪市场管理司。拟订文化市场和旅游市场政策和发展规划并组织实施。对文化和旅游市场经营进行行业监管。承担文化和旅游行业信用体系建设工作。组织拟订文化和旅游市场经营场所、设施、服务、产品等标准并监督实施。监管文化和旅游市场服务质量，指导服务质量提升。

承担旅游经济运行监测、假日旅游市场、旅游安全综合协调和监督管理。

⑫文化市场综合执法监督局。拟订文化市场综合执法工作标准和规范并监督实施。指导、推动整合组建文化市场综合执法队伍。指导、监督全国文化市场综合执法工作，组织查处和督办全国性、跨区域文化市场重大案件。

⑬国际交流与合作局（港澳台办公室）。拟订文化和旅游对外及对港澳台交流合作政策。指导、管理文化和旅游对外及对港澳台交流、合作及宣传推广工作。指导、管理有关驻外文化和旅游机构，承担外国政府在华、港澳台在内地（大陆）文化和旅游机构的管理工作。承办文化和旅游中外合作协定及其他合作文件的商签工作。承担政府、民间及国际组织在文化和旅游领域交流合作相关事务。组织大型文化和旅游对外及对港澳台交流推广活动。

⑭机关党委（党组巡视工作领导小组办公室）。负责机关及国家文物局、在京直属单位的党的建设和纪检、巡视工作，领导机关及国家文物局、在京直属单位群团组织的工作。机关党委设立机关纪委，承担机关及国家文物局、在京直属单位纪检、党风廉政建设有关工作。

⑮离退休干部局。负责离退休干部工作。

三、文旅资源和文旅产业的提出

文化和旅游部的成立进一步从管理体制上推进了文化和旅游的融合发展，文旅资源、文旅产业的概念内涵随之出现。

（一）文旅资源

文旅资源由文化旅游资源的概念演变而来。凡是对游客具有吸引力的自然事物、文化事物、社会事物或其他任何客观事物，皆可构成旅游资源（李天元，2003）。文化旅游资源是旅游资源的重要构成部分，其概念本身即有狭义和广义之分，且具有动态变化性。最初，人们把具有文化价值的历史文物、遗产古迹等划分为文化旅游资源，后来由于非物质文化遗产的旅游价值逐渐增大，文化旅游资源的概念也囊括了许多活动性的文化现象（杨雪松，2015）。从狭义上看，文化旅游资源是文化与旅游有机结合为一体的一种旅游资源类型；从广义上看，凡是能为游客提供文化体验的旅游资源，包括具有历史、艺术或科学价值的文物、建筑、遗址、遗迹以及口头传统和表述、表演艺术、社会风俗、礼仪、节庆、实践经验与知识、手工艺技能等传统文化表现形式都属于文化旅游资源的范畴（徐春晓、胡婷，2017）。

（二）文旅产业

狭义的文旅产业，即指文化旅游产业。从旅游的视角上看文化旅游产业是旅游产业的衍生品，其发展核心以旅游业为主。魏红妮（2013）将文化旅游产业定义为以人文旅游资源为基础，以展示文化内涵为内容，以行、住、食、游、购、娱六大要素为依托，通过产业化的经营模式生产旅游产品和服务满足游客文化体验需求的产业。李茜等（2009）认为文化旅游产业是为游客提供旅游文化、旅游娱乐产品和优质服务活动，以及与其相关的活动集合。按文旅资源类型划分，狭义的文旅产业可分为历史文化型和社会文化型。历史文化型文旅产业是指利用历史文化旅游资源而形成的产业（龚邵方，2008）；社会文化型文旅产业是指通过开发与社会文化相关的旅游资源而形成的产业（刘歆、刘玉梅等，2007）。

随着旅游产业和文化产业的发展，文化和旅游产业的融合发展丰富了文旅产业的内涵。2009年，原文化部和原国家旅游局联合印发《关于促进文化与旅游结合发展的指导意见》，提出要加强文化和旅游的深度结合，促进旅游产业转型升级，满足人民群众的消费需求（范建华、李林江，2020）。随后，有关部门出台了一系列相关政策，文化产业和旅游产业的融合成为新时代旅游发展的重要路径。从产业融合视角进行界定，文旅产业就是文化产业和旅游产业的集合体。邵金萍（2011）指出，文化旅游产业是以文化为内容、以旅游为依托的综合性产业。文化产业的精神要素直接或间接地与旅游产业及关联产业相互渗透、综合发展，便形成潜力巨大的文化旅游产业（朱佳，2012）。按文旅融合模式划分，文旅产业可分为延伸型、重组型和渗透型三种类型。其中延伸型是指由于文化和旅游的关联性使得文化产业和旅游产业之间的经济活动存在交叉和功能互补，以此实现产业间的融合。此类型保留了文化产业和旅游产业原有的价值链和特征，如文化创意产业园区、影视旅游基地等。重组型是指打破旅游产业和文化产业原有的产业链，提取其中的核心价值环节，经过资源整合和产业重组，构建新的旅游文化产业（张宏梅、赵忠仲，2015）。此类型典型的旅游产品包括节庆旅游、赛事旅游、会展旅游等（魏红妮，2013）。渗透型是指文化产业和旅游产业的产业链相互渗透、交融，形成"文化无处不在"的新型产业，其中典型的旅游产品有主题公园、特色文化街等（熊正贤，2017）。文化和旅游管理体制上的融合进一步提升了文旅产业内涵，其产业边界具有动态发展的特征。

四、文旅融合的内涵解读

文旅融合在资源、产业、地域、政策等方面均具有深刻的含义。文旅融合是多方面因素共同驱动的结果，同时也需要对其进行高端的设计。

（一）文旅融合是体制与社会发展的双重驱动

文化和旅游部的组建促进了"文旅融合"这一名词的高频次出现和使用。文化和旅游部的设立在管理体制上理顺了文化和旅游的关系，并进一步推进了文化和旅游的深度融合。王勇表示，组建文化和旅游部旨在"增强和彰显文化自信，统筹文化事业、文化产业发展和旅游资源开发，提高国家文化软实力和中华文化影响力，推动文化事业、文化产业和旅游业融合发展"。

（二）文旅融合体现新时代治理特色

管理体制的革新为文化和旅游的深度融合发展提供了制度保障。文旅融合体现了社会经济发展的阶段性进步。对文化和旅游的需求是在满足人们基本生存需要和安全需要的基础上才产生的，对文化和旅游活动的进一步需求是在社会经济生活发展到一定水平，进而转换到满足人们精神需求的阶段的背景下产生的。中国社会经济飞速发展，政治制度建设突飞猛进，取得的成就显著，人们随之产生了大量的文化和旅游需求。满足这种需求需要深入挖掘文化内涵和进一步提升旅游活动供给能力，两者共同驱动文化和旅游融合发展。

（三）文旅融合强调内生式增长

文化和旅游的融合，尤其是文旅管理部门的合并，凸显了文化和旅游的内在关联。基于文旅整体的视角重新审视文化和旅游资源的开发利用和产业的发展，能够推进文旅产业内生式增长。文化资源与旅游活动的深度融合，拓展了文化资源的使用范围，提升了文化资源的价值，加深了旅游产品的文化内涵，实现了文旅产品的升级与产业的转型。以文促旅，以旅促文，是未来地域经济发展的创新模式，也是促进地域经济转型和发展的有力手段。

（四）文旅融合需要高端设计

文化的属性及文化产业的创意导向，要求文旅融合需要进行高端的设计。文旅融合因地而异、因时而异，受到地区文化资源、旅游发展、社会经济发展、市场需求的转化等多种因素的影响。各个地区需要根据各自的优势条件，充分评估文旅融合的发展阶段和实质，制定高端的文旅融合发展战略，用以指导本地文旅融合的实质性发展，从战略层面形成差异性的文旅融合发展产品体系和地域体系。

五、文旅融合的影响因素

旅游产业与文化产业融合是旅游产业、文化产业在外界多种因素的刺激下不断向对方渗透的互动发展过程。在研究侧重点上，学术界既有体现理论普适性的基础研究，也有突出实践指导性的案例研究。在基础研究方面，吴倩认为旅游业发展对特色文化的需求是旅游产业与文化产业融合的拉力，而文化的创意发展则是促进旅游产业与文化产业融合的推力。程晓丽等在研究基础上，明确提出游客消费需求的提高、科技的进步分别是旅游产业与文化产业融合的内在动力、外在推力。以张海燕为代表的一些学者则认为旅游产业与文化产业的融合是在多种要素构成的推动力的作用下实现的，包括企业行为取向、市场机制、政府引导等外在因素。陈红玲等认为技术进步、人力资本积累和法治建设的加强是促进旅游产业与文化产业融合的关键要素。兰苑等认为旅游产业与文化产业的融合是市场供给、市场需求和外部环境三种力量综合作用的结果。而但红燕等在此基础上进行了深入研究，提出旅游产业与文化产业融合的实现是原动力、内在动力、驱动力和外在条件四种力量综合作用的结果。孟茂倩与但红燕的看法比较相似，但她将文化旅游产业融合的动力要素分为内生性动力和外生性动力。周春波通过定量研究，提出消费需求、技术创新、政府规制是文化产业与旅游产业融合的主要动力，还发现市场化程度高的地区更易实现融合发展。徐淑红等在上述学者研究的基础上进行了一定程度的延伸，认为旅游产业与文化产业融合的实现依赖于多样化的旅游需求、企业间的合作共赢、激烈的市场竞争和制度创新。也有学者从动力因素的对立面——阻力因素进行探讨，如王力力认为缺乏有组织的开发规划及其宣传管理是旅游产业与文化产业实现融合的障碍。

旅游产业与文化产业融合的应用研究与上述基础研究几乎同时展开，很多学者根据区域文化旅游产业融合的状况分析了旅游产业与文化产业融合的影响因素，如尹华光等以武陵山片区为例，对该地区的旅游产业与文化产业融合发展的影响因素进行了定量分析。胡粉宁对西安文化旅游产业融合发展的制约因素进行了全面的探讨。南宇等认为甘肃省甘南藏族自治州区位偏远，旅游产业与文化产业融合的制约因素更多。赵书虹等运用扎根理论方法，以云南省丽江市下辖的玉湖村、迪庆州的同乐村、景洪市下辖的曼飞龙村为研究对象，发现资源要素整合、旅游需求升级、创新变革支撑、企业管理决策是影响上述地区文化产业与旅游产业融合的主要因素。由此可见，学术界现有的研究成果主要是从产业经济学和系统动力学两个角度对旅游产业与文化产业融合的影响因素进行探讨的。旅游产业与文化产业融合水平受企业管理、市场需求、政府扶持和技术创新的影响相对更大。

六、文旅融合的发展过程

文化产业和旅游产业的融合是一个时空演化的综合发展过程，文化和旅游部的设立是系统发展过程中一个里程碑式的事件，推动着文旅融合的深入发展。文旅融合在时间上可以划分为初级阶段、发展阶段和提升阶段，在空间上呈现"点—面"的发展过程。文旅融合的初级阶段表现为资源融合，主要内容为典型的地方文化作为旅游资源被开发成文化旅游产品和文化旅游景区，空间上呈现"点"式旅游景区的发展形态；文旅融合的发展阶段表现为产业融合，文化产业和旅游产业形成耦合型产业系统，促使产生或创造新的文旅产业形态；文旅融合的提升阶段表现为地域融合，主要内容为以文化为主题和内涵的综合型旅游目的地的发展，空间上呈现"面"状文旅地域的发展形态。

（一）文旅融合的初级阶段：资源融合，以文促旅

文化旅游的发展是文旅融合的初级阶段，主要表现为旅游目的地以现有或挖掘的文化资源为基础开发文化旅游产品。其中文化旅游资源开

发是最主要的表现形式，进而演化成为深入地挖掘地区文化旅游资源或增加现有旅游产品的文化内涵。

1."文化＋旅游"：文化旅游资源的识别与开发利用

在旅游资源的开发过程中，文化旅游资源以人文旅游资源的形式出现。1992 年试行的《中国旅游资源普查规范》将旅游资源分为自然和人文两大类型，两大类下又分为 6 类 74 个基本类型，其中人文旅游资源基本类型数量达到 48 个，占总数的 64.86%。人文旅游资源包括古迹与建筑类（32 个基本类型）、消闲求知健身类（11 个基本类型）、购物类（5 个基本类型）。随后，1997 年提出的《旅游资源分级分类系统修订方案》将旅游资源分为自然、人文、服务 3 个景系 10 个景类 95 个景型，其中人文和服务景系中的景型，累计 58 个，占总数的 61.05%，可见人文类旅游资源在旅游资源中占绝对优势。原国家旅游局于 2003 年、2017 年相继出台了《旅游资源分类、调查与评价》，其中人文类旅游资源在总量方面存在优势。

（1）《旅游资源分类、调查与评价》（2003）

依据资源的性状，即现存状况、形态、特性、特征，对稳定的、客观存在的实体旅游资源及不稳定的但客观存在的事物和现象进行类型划分，分为"主类""亚类""基本类型"三个层次。从主类上看，自然和人文旅游资源各占一半；从亚类上看，人文类旅游资源占 45.16%，而从基本类型上看，人文类资源占比达到 54.19%。

（2）《旅游资源分类、调查与评价》（2017）

2017 年底，原国家旅游局出台《旅游资源分类、调查与评价》（GB/T 18972—2017）标准用以代替 GB/T 18972—2003 版本。新版本对旅游资源分类做了继承性修编，对分类层次和类型进行了简化，对旅游资源主类的排序和名称进行了个别调整，将原主类的第五类"遗址遗迹"和原第六类"建筑与设施"前后移位。将"水域风光""遗址遗迹""旅游商品"分别改为"水域景观""历史遗迹""旅游购品"。旅游资源亚类设置了 23 个，比原亚类总数减少了 8 个，取消重复类型，进行同类归并，名称也随之做了调整。旅游资源基本类型有 110 个，比原来基本类型总数减少了 45 个，主要改变为同类归并，科学吸纳和整合相关物质和非物质遗产资源，名称也随之做了相应调整。改版后的《旅游资源分类、调查与评价》中人文类旅游资源亚类占 43.48%，基本类型占 60.91%，基本类型的百分比提升了 12.40%。可见，在旅游产业发展过程中，文化类旅游资源在旅游活动开发中的地位日益提升，且存在明显的演化特性。随着社会经济的发展，文化的内涵和人们对文化的需求不断变化，进一步推动文化旅游资源内涵的提升或新类型的出现，文化类旅游资源在旅游活动中的地位进一步提升，也进一步代表了地方旅游的发展。

2. 以高级别的文化旅游吸引物为融合载体

文旅融合的初级阶段依托现有文化旅游资源，开发"点"式高吸引力的文化旅游景区作为主要的融合载体。在中国的旅游发展实践中，世界文化遗产地，历史街区，民族旅游地，文化古城、古镇、古村等为这一阶段的主要产品形式，具有深厚文化底蕴的区域发展成为具有高吸引力的文化旅游景区。

（1）世界文化遗产地

1972 年，联合国教科文组织在世界文化遗产总部巴黎通过了《保护世界文化和自然遗产公约》。1976 年，联合国教科文组织世界遗产委员会成立，其宗旨在于促进各国和各国人民之间的合作，为合理保护和恢复全人类共同的遗产做出积极的贡献。截至 2019 年，联合国教科文组织世界遗产委员会会议已经举办了 43 届。1987 年 12 月至 2023 年 9 月，中国已有 57 项世界文化和自然遗产被列入《世界遗产名录》，其中近四分之三的世界遗产属于文化遗产范畴，长城被列为世界新七大奇迹之一，此 57 处世界遗产地成为重要的旅游景区。

（2）历史街区

历史街区是指文物古迹比较集中，或能较完整地体现出某一历史时期传统风貌和民族地方特色的街区。我国正式提出"历史街区"的概念，是在 1986 年国务院公布第二批国家级历史文化名城时，"作为历史文化名城，不仅要看城市的历史及其保存的文物古迹，还要看其现状格局和风貌是否保留着历史特色，并具有一定的代表城市传统风貌的街区"。历史街区的基础是 1985 年设立的"历史性传统街区"，旨在对文物古迹比较集中，或能较完整地体现出某一历史时期传统风貌和民族地方特色的街区等予以保护。作为受保护的历史街区，同样具有较高的旅游吸引力。在中国旅游业发展过程中形成的各具特色的历史文化旅游街区，是旅游活动的集中地，也是各地的旅游地标区域。

中国历史街区类文化主题景区数量众多，在旅游业发展过程中起到举足轻重的作用。为了进一步推进城市文化和对文化遗产的保护，经原文化部、国家文物局批准，由中国文化报社联合中国文物报社分别于 2009 年至 2013 年连续五个年度举办十大中国历史文化名街的推介与评选活动，旨在对全国各地的历史文化街区进行宣传，先后共有 50 条历史街区入选。2015 年 4 月 21 日，为了更好地保护我国优秀历史文化遗产，完善历史文化遗产保护体系，进一步做好历史文化街区保护工作，中华人民共和国住房和城乡建设部（以下简称住房和城乡建设部）、国家文物局在各地推荐的基础上，经专家评审和主管部门审核，决定公布北京市皇城历史文化街区等 30 个街区为第一批中国历史文化街区。住房和城乡建设部和国家文物局组织开展这项认定工作，旨在保护城市中风貌完整、传统建筑集中、历史文化遗产丰富的历史文化街区，是我国历史文化名城、名镇、名村、名街保护管理工作的一个重要组成部分。历史名街、历史街区的评选与认定，进一步凸显了文化内涵，为旅游活动的开展提供了更多的资源和设施条件，也体现了品牌效应。

（3）民族文化类主题文化旅游产品

我国是一个统一的多民族国家，少数民族达 55 个之多，众多少数民族具有各自鲜明的地域民族文化特征。民族分布呈现大杂居、小聚居的总体空间特征，其中汉族主要分布在东部地区，少数民族分布广，但相对集中在西南、西北和东北地区，尤其是西南地区。位于中国西南部的云南、贵州、广西、四川、西藏等地都是多民族聚居省区，共有 30 多个少数民族集中分布在此。西南地区也凭借少数民族淳朴的民风、独特的地域文化，诸如农耕、游牧、节庆、服饰、饮食起居、婚丧、建筑、语言文字等民族资源特色，发展成为民族文化旅游地。云南省民族旅游区最为典型，其中昆明海埂民族村、西山、金殿、大观楼、滇池、石林、阿庐古洞、九乡彝族回族乡、西双版纳傣族村寨等均是著名的旅游区。西北、东北等少数民族集中分布区也发展成为重要的民族文化旅游目的地。

（4）文化古城、古镇、古村

1982 年 2 月，为了保护那些曾经是古代政治、经济、文化中心或近代革命运动和重大历史事件发生地的重要城市及其文物古迹免受破坏，"历史文化名城"的概念被正式提出。根据《中华人民共和国文物保护法》，历史文化名城是指保存文物特别丰富，具有重大历史文化价值和革命意义的城市。截至 2023 年 9 月 30 日，国务院已将 143 座城市列为国家历史文化名城，并对这些城市的文化遗迹进行了重点保护。

中国历史文化名镇、名村，指的是保存文物特别丰富且具有重大历史价值或纪念意义的、能较完整地反映一些历史时期传统风貌和地方民族特色的镇和村。这些村镇分布在全国 25 个省份，包括太湖流域的水乡古镇群、皖南古村落群、川黔渝交界古村镇群、晋中南古村镇群、粤中古村镇群，既有乡土民俗型、传统文化型、革命历史型，又有民族特色型、商贸交通型，基本反映了中国不同地域历史文化村镇的传统风貌。

（二）文旅融合的发展阶段：产业融合，耦合发展

耦合（Coupling）概念最早出现在物理学中，现已被广泛应用于许多领域，是指两个或两个以上的系统与要素彼此相互作用、相互影响的一般规律理论。耦合分良性和恶性两类：良性耦合理论指系统元素之间良性互动、相互促进；反之则为恶性耦合。协调指在系统发展过程中形成的和谐互助的关系。它不是单个的序参量或系统的增长，而是两个或多个系统的全面、多样化的发展。这意味着两个或多个系统可以互相促进和适应，并可以在耦合协调过程中解决矛盾和冲突，从而使整体利益最大化。

耦合协调度常用来测量两个或两个以上的系统结构中各个要素间的关联程度，耦合协调度和系统之间的紧密关系程度成正比。通过对耦合协调度理论进行研究后发现，不同学者对产业耦合协调度有不同的看法。张国超（2016）指出耦合协调度是指系统间相互影响和相互作用过程中协调发展状况的定量测度，也用来反映系统要素从无序到有序，从简单到复杂的趋势。耦合协调度模型是基于耦合理论建立的度量系统，主要指用来描述不同系统协调发展程度的模型。张琰飞（2003）等人认为文旅产业具有天然的耦合性，以文旅融合协调度作为研究主体，并建立西南地区的文旅融合发展的耦合模型，对西南地区的文旅产业融合水平进行了分析。朱建芬（2018）认为农业与旅游业融合可以促进农业可持续发展。Suzanne Wilson（2001）以美国伊利诺伊州的农业旅游融合为例进行了实证研究，并总结了农旅融合可持续发展的做法。龙海涛（2014）从生态学理念角度出发，认为农业可持续发展是实现农旅融合发展的基础。

随着文化产业的发展，旅游产业和文化产业出现交叉，两者进行系统耦合，形成具有文化产业和旅游产业双重属性的耦合型产品。旅游产业与文化产业通过相互渗透、相互交叉，形成新产业或新产业价值链的动态发展过程（桑彬彬，2012），这是文化产业和旅游产业发展到一定程

度必然出现的阶段。从文旅融合的时空演化来看，产业融合发展是文旅融合的中级阶段，也是发展阶段。伴随着文化产业的发展，文化产业和旅游产业边界交叉，形成耦合型产业，或出现兼顾文旅两大产业职能的新型业态。"文化—旅游耦合型产业"的形成是文旅融合中级阶段的重要标志。

1. 文化—旅游耦合型产业形成的基础

文化—旅游耦合型产业形成的基础是系统耦合。耦合各方经过物质、能量、信息的交换而彼此约束、选择、协同和放大在系统科学领域，耦合是系统之间及其运动方式的互动。耦合现象出现的前提是耦合各方存在相互关联或作用，耦合的结果是参与耦合的个体属性发生了变化。耦合是两个实体相互依赖于对方的一种形式和量度，这种相互依赖的结果可以产生正负双方面的作用。在需要模块进行独立运作时，要素之间复杂的、高强度的耦合，会导致系统功能减弱或失控；相反，若利用模块、要素之间的耦合作用使其演化成为一个新的复杂系统，则可能产生正向耦合作用。

2. 文化—旅游耦合型产业的提出

文化产业和旅游产业均具有耦合于其他产业的特性，文化和旅游的本质关联决定了旅游产业和文化产业之间存在极强的关联性，具备了发生耦合的前提条件。文化产业和旅游产业边界融合特征明显。在地区产业生态系统演化过程中，文化产业和旅游产业的发展趋势必然是实现良性耦合，形成超越单个产业的复合产业，即文化—旅游耦合型产业。文化和旅游这两大产业的良性耦合发展能够充分体现文化和旅游活动的本质属性，同时也能够协调两大产业独立发展所产生的利益冲突。

3. 文化—旅游耦合型产业的特性

文化产业和旅游产业具有边界交叉性，文化产业和旅游产业相互促进，两者有机结合能够提升各自的生命力与竞争力；文化产业与旅游产业良性耦合是地区产业生态系统发展的必然要求。文化产业、旅游产业都是地区产业生态系统的一部分，两者互动发展成为更高级别的复合产业，是地区产业生态系统演化的必然趋势。打破产业边界，相互嵌入式发展是实现文化产业和旅游产业互动的表现，产业基地、产业集群、社区产业集群综合体是文化—旅游耦合型产业良性运转的主要途径，培育复合产业基地、多元产业集群、主题社区、产业集群综合体等形式的经济增长实体是文化—旅游耦合型产业的最终目标。

文化产业、旅游产业的特性及相关性决定了文化—旅游耦合型产业具备以下特性：

（1）整体性

由文化产业和旅游产业构成的文化—旅游耦合型产业具备整体性特征。在文化—旅游产业系统内部，作为子系统的文化和旅游不是独立的，而是相互作用、相互影响、相互制约的，两者耦合形成具有特定结构和功能的有机整体，形成具有文化和旅游双重要素和功能的综合性产品。

（2）开放性

文化内涵的广泛性、旅游资源的可挖掘性、旅游需求的动态变化性等特征使文化—旅游耦合型产业系统是个开放的系统。新的文化要素、新的旅游活动均可不受限制地融入文化—旅游耦合型产业系统，而且随着要素内涵的增多，整个系统的活力和生命力越强，要素越单生命力和活力越弱

（3）复杂性

文化产业、旅游产业本身具有较强的关联性，且易受到外界环境因素的影响，文化—旅游耦合型产业系统比文化产业和旅游产业更为复杂，涉及的影响因素更多，因素之间的作用更为错综复杂。

（4）多目标性

文化产业和旅游产业有各自的行业目标、运行机制和产品内涵，两

者耦合成的新系统要同时满足文化事业和文化产业发展目标，以及旅游产业发展目标。

（5）系统演化性

影视、动漫等与旅游产业关系最为密切的文化产业率先形成文化—旅游耦合型产业，随着时间的推移，更多的文化产业融入系统，整个系统具有由单一向综合发展的演化特性。

4. 文化—旅游耦合型产业系统良性运转的影响因素

文化—旅游耦合型产业系统的构建和良性运转受到众多因素的影响，其中最主要的影响因素可以归结为需求、供给、系统性能。从需求方面来看，受众对于这种耦合型产业系统产品的需求是影响系统运转的最重要的影响因素；从供给方面来看，耦合型产品的规划、管理能够影响系统功能的正常发挥；从文化—旅游耦合型产业系统自身来看，文化产业和旅游产业的耦合程度将是最重要的影响因素。

除以上几种影响因素外，文化—旅游耦合型产业系统良性运转的影响因素还有市场受众、规划、管理和机制。

（1）受众

文化—旅游耦合型产业所生产出来的产品的最终检验者是市场受众。他们的需求心理、需求行为特征与趋势是文化—旅游耦合型产业系统能否形成和发展的关键因素。明确受众的需求特征，是文化—旅游耦合型产业发展的前提和基础，因此我们需要对受众进行充分的调查和分析，以形成具有需求基础的文化—旅游耦合型产品。

（2）规划

良好的规划能够引导文化产业和旅游产业向耦合方向发展，避免出现"各自为政"的局面。对文化产业和旅游产业互动发展的理论基础、可行性进行充分研究，在大众需求现状和趋势的引导下，制订耦合型产品发展规划，能够促进文化—旅游耦合型产业系统的良性运转和升级。

（3）管理

文化事业、文化企业、旅游企业及活动之间存在行业权属等方面的分歧，在发展过程中，必须采取有效的管理措施和手段才能保障系统的正常运转。同时，良好的管理也能引导大众需求向系统产出产品方面转换。

（4）机制

要保证文化—旅游耦合型产业系统正常运转，必须建立沟通两者之间利益关系的机制，使整个系统实现"1+1>2"的系统输出；必须发挥耦合型系统各耦合方之间的协同效应，使文化产业、旅游产业各自的属性得到增强。

（三）文旅融合的提升阶段：地域融合，以文促域

文旅融合的高级阶段为地域融合，也是文旅融合发展的提升阶段。概念的无边界性及市场需求的特性化促使文旅融合由产业融合阶段转向地域融合发展阶段，主题型文旅地域的发展是文旅融合高级阶段的重要标志。

1. 文旅地域融合的特征

（1）面状发展

文旅融合的高级阶段由早期的点状文化旅游资源开发、中期的带状文旅产业耦合演变成为文化主题区域的面状发展。以地域及时代导向的文化主题为内涵，围绕文化主题发展成为文化主题旅游地域，强调的是"域"的概念，各个文旅主题地域在空间上构成面状发展格局。

（2）创意导向

高级阶段的文旅融合中的"文"的内涵更倾向于创意设计，集合地域文化特征和需求文化特征的双重属性。通过创意设计，使地区具备了文化标志，并引领地域的整体发展，其基本表现为以地方的文化为主题进行地域化打造。

（3）个性化

个性化是高级阶段文旅融合的另一重要特征。寻求文化差异定位，进行个性化地域文旅发展。通过打造和运营，在游客的感知中形成个性化、地域化的旅游形象。这种旅游形象与传统的旅游形象相比具有明显的差异性，传统的旅游形象往往是标志性资源营造的，文旅地域的旅游形象是由文化与地域的结合营造的整体形象

（4）综合型发展

文旅地域融合发展也表现为综合型发展，改变传统的旅游目的地吸引物相对集中在某一核心旅游资源层面的状态。游客到访文旅地域的动机表现为多样化，如游览、度假、购物、学习等，多样化的动机使得文旅地域融合在发展过程中旅游产品的设计、设施的供给、服务的提供等方面得到提升。

2. 文旅地域融合的类型

根据文旅资源及文旅产业发展的差异，文旅地域化的空间发展表现为资源内生型、产业耦合型、创意导向型三种主要类型。

（1）资源内生型文旅地域

文旅资源主富的地域的发展表现为文旅资源的深度开发，这是以"资源—地域"为发展主线，以地域内的文旅资源为基础的开发模式。一般表现为文化旅游资源丰富的地区，在原来的文化旅游资源开发的基础上丰富旅游产品的内涵，延长产业链，由文化旅游资源的开发转向特色文旅地域的发展。

（2）产业耦合型文旅地域

在文化产业发展较好的地区，遵循"产业—地域"的发展主线，延长文化产业链，发展文化产业和旅游产业耦合型的旅游产品，如影视旅游、动漫主题旅游等。这种发展模式对地区经济、资金投入、技术水平、受众需求等有一定的依赖性。

（3）创意导向型文旅地域

以文化创造、创新为主要内容，从地域资源环境条件的适宜性出发，遵循"主题文化—地域"的发展主线，通过主题文化的创建发展成文旅地域，如文化创意园区等。这种发展模式需要进行高端设计。

3. 文旅地域融合的关键

文旅地域化的关键在于"主题"的营造和建设。可以基于地域资源形成地域文化主题，也可以通过引进外联文化创建和营造地域文化主题。以形成具有竞争力的主题为主要目标和出发点，进行文旅地域化产品、设施及服务的设计，包括与主题相关的核心旅游产品及配套设施。文旅地域融合发展最为关键的步骤是差异化的定位。地域化的发展不同于垄断式资源的开发，形成全域化的主体形象需要充分考虑地域差异化发展，在更大的区域内形成竞争优势，以实现全域化的文旅融合发展。

七、文旅融合发展对于乡村振兴战略的重要意义

文旅产业融合对于促进乡村地区经济发展具有重要意义，它不仅是激发农村发展新活力的重要抓手，更是提升产业现代化水平的关键举措和拓宽农民增收渠道的有效途径。

（一）文旅融合发展是提升农村产业现代化水平的关键举措

文旅产业融合发展是乡村经济转型的一个新引擎，能够有力地促进农村三大产业之间的有机融合和有序发展，促进农村产业提质升级，提高农村产业现代化水平。

一方面，文旅产业融合发展带动产业提质升级。文旅产业具有较强的综合性，有利于促进和带动相关支持性行业的发展，打破行业壁垒。以文旅产业的发展带动传统农业、手工业提质升级，使旅游产业链加强了横向和纵向的延伸发展。文旅产业融合发展不仅能促进旅游业传统六

要素的延伸拓展，更会丰富文化产品，加强文化服务，实现文化产业和旅游产业的双向提质升级。文旅产业融合发展同时会带动交通、电商、金融、通信、地产、人力资源等行业的发展，并与之形成联动效应。

另一方面，文旅产业融合发展引领乡村经济转型。促进乡村文旅产业融合发展不仅能获取较高的附加值，而且对于配置资源、进行资源整合起到巨大的作用。当文旅产业成为一个乡村的支柱产业时，该村的农业、手工业、商业、制造业都会根据市场规律和客观需求进行改善，从而带动相关产业转型，逐步形成文旅融合新业态。文旅产业融合发展能够将农村厚重的文化资源、丰富的土地资源、良好的生态资源进行整合，保障区域经济可持续发展，更有助于资源节约、环境保护型社会的建立。

（二）文旅融合发展是激发农村发展新活力的重要抓手

促进文旅产业融合是乡村振兴战略的一项重要任务和主要举措。文旅产业融合也能够在发展中打造新载体，形成新模式，产生新的消费热点，从而带动经济发展水平的提高。

一方面，文旅产业融合发展有利于形成新模式。文旅产业与乡村建设高度融合是乡村文旅产业发展的本质要求，这不仅要考虑以城市居民为主的游客对于乡村的审美需求以及城乡资源的差异化，同时也要考虑城乡居民对于乡村建设现代化的期望，特别是基础设施的便利性和舒适性。据此需求打造的特色文化产业园以及现代农业产业园是乡村文旅产业融合发展的新平台，促进了乡村多产业内部融合、延伸农业产业链、发展新型业态等多种模式融合发展。

另一方面，文旅产业融合发展产生新的消费热点带动农村经济发展。乡村文旅产业融合发展顺应了城乡居民对于文化旅游消费需求的增长，挖掘优势文旅资源，同时深入拓展农村吸引城市居民的康养、观光、体验等功能，从而形成新的消费热点，带动周边经济。文旅产业融合发展符合市场规律，有利于推动乡村资源的全面整合，增强地方特色文化产品、生态产品的竞争力，从而实现全方位、多层次的增值。

（三）文旅融合发展是拓宽农民增收渠道的有效途径

拓宽农民增收渠道对于农民生活富裕、提高农村经济发展水平，以及乡村振兴战略的实施具有至关重要的作用。文旅产业融合发展过程中不仅会增加特色产品的销路，而且能够延长产业链，创造大量就业岗位，为农民增收添砖加瓦。

一方面，文旅产业融合发展能够提供大量就业岗位。文旅产业融合发展会带动产业发展，在产业转型升级的过程中会出现大量的劳动力需求。这样一来，就会给当地的农民提供更多的就业岗位，也能吸引更多的人回到自己的家乡就业。同时文旅产业融合发展也会吸引大量的外来投资，优化农村地区的环境。

另一方面，文旅产业融合发展能够扩大特色产品销路。文旅产业融合发展是对文化产业和旅游业的深化发展，提升了旅游的文化内涵，丰富了文化的传播路径。旅游作为文化的最大市场，以优秀的历史人文资源作为核心，将"古代"与"现今"，"人文"与"生态"融会贯通。面对文旅市场巨大潜力以及人们求新、求奇、求知、求乐的旅游愿望，许多特色产品也满足了游客的需求。例如，农业产品（特色农产品、风味美食等），文化产品（工艺美术品、文物仿制品等）旅游商品都有了更多销路。

文旅产业融合发展是产业兴旺的重要保障，更是促进农村现代化经济体系建设的内在要求。本章作为案例分析的理论基础，总结归纳前人的研究成果，并做出合理分析和延伸，为之后的深入研究做了重要铺垫。

第三章　文旅融合助力乡村振兴业态分析

第一节　文旅融合助力乡村振兴价值分析

一、体现文化精神

要想发展好乡村文化旅游，就要弄清楚文化产业与旅游产业的本质。文化旅游既是旅游的一种形式，同时又是文化产业中不可缺少的一部分，乡村文化和旅游的相互融合是时代背景下的产物，它既满足了人们旅游时放松、愉悦的心理需求，又满足了人们对乡村特色文化的追求，是一个融合且相互交叉的新型产业链。它的发展不仅可以带动当地的经济发展，更重要的是，可以带来文化效应、社会效应，吸引更多的游客前来观光，带动传统旅游服务业的升级，发扬和继承当地传统文化，体现乡村旅游的文化精神。

二、核心是文化内涵

乡村文化与旅游的融合应该着重体现文化内涵，不管传统文化经过何种旅游形式的包装和营销都不能脱离其文化内涵的本质。乡村文旅产品注重的是给人们带来一种自然的、远离城市喧嚣的体验，是一种深层次的文化之旅。因此，在发展乡村文化旅游的时候不仅要为游客提供更好的硬件服务，在自身软实力方面也要带给游客独到的体验，要让游客体验乡村旅游的文化内涵，放慢节奏，感受乡村文化旅游带来的快乐。

三、注重心灵需求

设计文化旅游项目时应该考虑到游客的心灵需求，要以满足游客的精神需求为项目的设计动机，用心打造好文旅项目。这里提供两种打造思路：一种是利用乡村生活的慢节奏打造一种悠闲的田园生活，让游客体验农耕带来的乐趣；另一种是结合人们的童年生活打造人们记忆里的乡村，帮他们重拾童年的美好时光，在喧嚣的城市之外，拥有属于自己的一片净土。因此，在设计乡村文化旅游项目过程中要把握人们的心理特征，注重人们的心灵需求，打造个性化的服务。

第二节　文旅融合发展的趋势

乡村振兴战略是一项复杂的系统工程，涉及政治、经济、文化、旅游等多方面内容，是社会协调发展的必然趋势，对实现中华民族伟大复兴的中国梦有重大的意义。

新时代的美丽乡村建设是实施好乡村振兴战略的着力点和重要抓手，是美丽中国建设的前提和基础，也是推进和提升生态文明建设的新工程。只有实现文旅和谐、持续发展，才能真正实现美丽乡村建设目标。

文化是旅游的灵魂，旅游是文化的载体，文化滋养身心，旅游开阔视野。在乡村振兴背景下，文旅深度融合，不仅能促进文化产业和旅游产业的发展，也能推进美丽乡村建设。多元化催生文旅新业态；产业结构转型升级；各要素相互促进，优化资源配置是文旅融合发展的必然趋势。

一、多元化催生文旅新业态

文旅深度融合要促进文旅产品创新，推动文旅产业转型升级。在美丽乡村建设中，可发展生态与观光农业，大力发展乡村旅游。针对不同受众，以受众体验需求为导向，及时催生合适的文旅产品及服务。例如，针对中老年群体，可开发康养游产品；针对青少年群体，可开发修学游产品等。在整个文旅产业发展过程中，应充分挖掘本土文旅资源，延长旅游的产业链、带动相关产业发展、增加村民经济收益、增强文化自信，催生文化与旅游新业态，开辟文旅产品市场，推动全域旅游的发展。

文旅融合就是使文化变现。以文融旅，形成品牌效应；以旅载文，形成经济效应，构建新兴产业链。乡村振兴背景下美丽乡村文旅产业的深度融合，是实现美丽中国的重要保障。以乡村文旅发展促进"望得见山、看得见水、记得住乡愁"的美丽乡村建设，以美丽乡村建设保障乡村文旅发展，从而推动乡村政治、经济、文化、旅游、社会与环境等的协调发展，为推动乡村振兴战略的实施提供有效的途径，必将加快本市经济转型，打造新的经济增长点。

二、产业结构转型升级

人民日益增长的美好生活的需要与产业发展的不平衡性不断催生旅游新产品、新形式，为文旅融合发展提供了巨大的潜力。在秀美乡村建设、乡村振兴战略、脱贫攻坚工作以及城乡一体化建设中，早期的农家乐、观光游已转变为生态旅游，这种发展模式加快了产业结构的转型升级，进一步刺激了乡村文旅融合发展，推动了农民就业增收。

三、各要素相互促进，优化资源配置

文化是提升旅游品质的重要因素，能够赋予旅游产品丰富的内涵，提升产品的附加值。在游览过程中融入文化内容，可以更大程度地满足游客的精神需求。农业为旅游业提供田园景观、乡村风貌、乡土味道，以及农事活动等特色鲜明、独具魅力的资源。旅游业向农业提供服务和商业价值。农业与旅游业的发展也能够挖掘、保护和传承乡土文化，从而改善农村的生态环境。实行生态养殖、科学管理方式，可以吸引周边村民加入旅游业，不仅有利于带动农民就业、帮助农民增收，而且还能改善农村环境，进一步实现农村增色、农业增效、文化增智的目标。

第三节　发挥文旅融合在乡村振兴中的时代引领作用

乡村振兴既要塑形，也要铸魂。所以，实施乡村振兴战略首先要以文化为基础，以文化宣传树立良好的乡村形象，依托自然环境的地理优势，打造具有特色的旅游胜地。明确"以文塑旅，以文彰旅"的发展方向，树立"文化旅游、生态宜居"的发展理念。

一、文旅融合助推乡村振兴的前进

如今，踏青、赏花、亲水、游园、体验民风民俗等特色旅游项目越来越受消费者的推崇。应运而生的乡村旅游，以地域优势、自然资源、红色文化和名人效应等优势占领了一定的旅游市场。"文化栽桐，旅游引凤"是文化和旅游深度融合的生动实践。二者深度融合，让文化更富活力，使旅游更具魅力。"一乡一特色，一村一景观"。各级政府部门审时度势，积极开拓挖掘，通过媒体大力宣传，积极扶持和倡导本地乡村发展本村特色，以文旅融合促进乡村振兴。

二、文旅深度融合，带给人们"世外桃源"般的闲情逸致

在助力乡村振兴的道路上，应充分围绕历史文化名人、历史印记做文章，深度融入景区建设。近年来，乡村全域旅游发展迅速，尤其是文化的融入，提升了乡村旅游的文化品位，推动了全域旅游的发展。可见，

文旅融合对于乡村经济发展的转型升级和结构调整都具有重要意义。现阶段，文化产业与旅游产业的融合能够在很大程度上推动旅游产业转型和民族文化繁荣发展，促进美丽乡村旅游产业的发展，彰显了乡村振兴的独特魅力。

第四节 文旅融合视角下旅游业发展现状

本节以广西壮族自治区贺州市为例，阐述文旅融合视角下旅游业的发展现状。

一、文旅融合发展的条件

（一）自然地理条件

贺州市是一个多民族聚集的地区，民族风情古老多姿，古朴奇异的民风民俗引人入胜。其位于广西壮族自治区东北部，北与湖南省永州市相连，东达广东省清远市、肇庆市，南邻梧州市，西靠桂林市。拥有洛湛铁路、贵广高速铁路、桂梧高速公路、广贺高速公路、永贺高速公路，交通十分便利。贺州市发挥独特的区位、资源优势和政策优势，着力推进工业化、城镇化、农业企业化，巩固提高商贸旅游业，经济发展步伐明显加快。

（二）历史人文背景

贺州，旧称临贺，史载绵长。汉武帝元鼎六年（公元前 111 年），始置临贺县；三国吴黄武五年（226 年），始置临贺郡；至隋开皇九年（589年），改置贺州。清代顾祖禹《读史方舆纪要》卷一百七记载："元初毁天下城池，此城仅存。"从西汉元鼎六年（公元前 111 年）始设临贺县开始，到 1952 年贺县县城从贺街镇搬迁至八步镇，贺街镇历经 2100 余年。期间有临贺县、临贺郡、临庆国、贺州、贺县等各种称谓，但一直是桂东地区的县、郡、州的行政治所。据考证，其故城城址有四处：大鸭村城址、长利村城址（洲尾城址）、河西城址、河东城址。

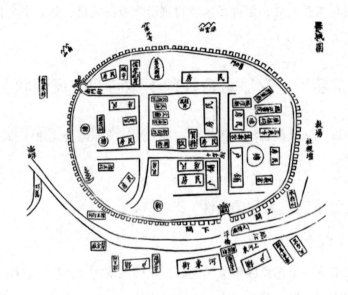

图 3-1　1934 年《贺县志》中的《县城图》

图片来源：《中国国家人文地理》。

（三）经济社会状况

贺州市依托丰富的自然资源，大力发展资源开发、加工型的特色工业，突出发展市场潜力大的电力、林产、造纸、制药、冶炼、建材、陶瓷、服装、食品等优势产业。开发利用丰富的水能资源，建成了以合面狮电厂、昭平电厂、龟石电厂和中胜火电厂等骨干电厂和 100 多个小水电站构成的独立电网，拥有上市电力企业——桂东电力股份有限公司，不仅保证了贺州市工农业和居民的生产生活用电，其价廉质优的电能还输往广东省部分县（区），成为"西电东送"的通道和重要基地。依托丰富的森林资源，贺州市建立了世界最大的脂松香生产企业——梧州松脂股份有限公司、全国最大的硫酸盐漂白木浆造纸企业——广西贺达纸业有限公司，以及昭平造纸厂、昭平中密度纤维板厂等一批林产、林化加工企业，努力推进林浆纸一体化。依托丰富的矿产资源，贺州市建成了平桂飞碟有限公司、贺州福利风帆冶炼公司、钟山金易冶炼公司等一批有色金属加工企业。贺州市以富翔、大成等农业企业为龙头，大力引进项目、资金和技术，进行水果、畜禽的深加工，建成了具有地方特色的食品工业基地；以桂东电子科技有限公司为龙头，大力发展以中高压化成电子铝箔为代表的电子原材料、电子元器件产品，建成了广西新兴的电子工业基地。

贺州市作为广西现代农业示范区，积极面向粤港澳市场，调整优化农业产业结构，引进、扶持龙头企业带动农业开发，大力发展效益高、有特色的瘦肉型猪、楼来牛以及名优水果、无公害蔬菜、烤烟、松脂、茶叶等主导产业，建成了广西最大的脐橙、青梅和春烤烟基地，烤烟产量占广西总产量的 70%；八步红瓜子、芳林马蹄、贺州香芋、富川脐橙、昭平将军峰茶叶等名优产品驰名粤港澳，每年约有 300 万头生猪、上千万羽家禽、上亿公斤蔬菜销往广东和港澳地区，已成为广东珠江三角洲重要的蔬菜生产供应基地。

（四）综合区位分析

2000 多年前，一条潇贺古道穿越崇山峻岭，北接潇水、南达临贺，成为沟通中原与岭南地区的交通要道。彼时的贺州，"商贾穿行，货运不息"，来自北方的各类商品经过这里到达南海，多元文化在此交流融合、兼收并蓄。

岁月流转。这座地处桂、湘、粤交界地的年轻城市，充分利用自身区位优势和商贸发达、各类市场配套完善的有利条件，大力发展以商贸旅游为主的第三产业。围绕"提升档次、打造品牌，抓好促销，加快发展"的思路，建设和完善了一批旅游精品景点，积极发展旅游工艺品加工业和观光农业，加强旅游宣传促销，旅游业发展势头强劲。

二、文旅融合的资源基础

贺州市的乡村旅游主要有三种类型。一是农家乐旅游。贺州农家乐是以农家为主要旅游资源，以农村其他资源为辅助旅游资源，策划开发的旅游产品类型。贺州农家乐旅游以农业、农村、农事作为主要发展载体，重点突出一个"农"字。二是民俗村旅游。贺州民俗文化村的建设模式分为实地村落和模拟村落两种。实地村落，或称"原生型民俗村寨"，是在民族地区选择较为典型的天然村落对民俗文化进行开发、保护和利用，展现活生生的民族生活现状。实践证明，这是最富有生命力的民俗文化村模式。模拟村落，是把某地某些民族的文化生活现状以模拟的形式保存或重建并加以展示，属于主题公园类型。模拟民俗村往往建在城市周围，以改善城市旅游资源匮乏的现状，为开拓客源市场提供了新的思路，也为保护民俗文化提供了一条非常重要的途径。三是田园风光旅游。贺州田园风光旅游主要依靠广袤田垄与峰林山峦相连，田秀山青、山环水绕、河映山村的美妙景色。田园风光游是乡村旅游区别于都市旅游最大的韵味。

贺州市旅游资源丰富，且具有代表性，具体可以分为三种。一是山水风光型旅游景区：姑婆山国家森林公园、大桂山国家森林公园、滑水冲自然保护区、七冲自然保护区、紫云仙境、碧水岩、十里画廊、贺江、桂江、富江、贺州温泉、里松温泉、南乡温泉。二是独具特色的人文景观：黄姚古镇、客家围屋、秀水状元村、临贺故城、瑞光公园、古明城、回澜风雨桥、青龙风雨桥、福溪百柱庙、莲花古戏台、大田古戏台、浮山、魁星楼、梵安寺、开宁寺、桂花井、粤东会馆、慈云寺、凌霄塔、文明阁、文武庙古戏台、黄田湖南会馆、宝珠观、东山文昌楼、莲盘炮楼25个古镇（村、建筑）。其中国家历史文化名镇1个、国家历史文化名村1个，还有寺平山遗址、牛岩山遗址、石城故城等20余处现存古遗址。三是民族风情旅游资源：以壮族、瑶族为代表的古朴浓郁的少数民族民俗风情。贺州是汉、壮、瑶、苗、回、满民族杂居的地区，多姿多彩的民族风情文化别具一格。独特的民族风情，对中外游客极具吸引力。

在这些旅游资源中，已经开发成熟投入运作的重点景区有 7 个：姑婆山国家森林公园、十八水、贺州石林、贺州温泉、紫云仙境、黄姚古镇、客家围屋。其中 4A 级景区 2 个、3A 级景区 5 个。初步开发建设的景点有 13 个：大桂山国家森林公园、碧水岩、秀水状元村、神仙湖、凤溪民俗村、白牛村、立新农场、十里画廊、里松温泉、贺街三家滩、大脑山茶园、红峡谷漂流、夏岛恒温湖。列入规划近期开发的景区（点）有 10 个，其中现实旅游资源有姑婆山休闲度假项目、十八水二期项目、大桂山国家森林公园、钟山十里画廊；较具开发价值的潜在旅游资源有临贺故城、桂岭镇瑶妃故里、铺门石城、沙田镇龙井古村、南乡镇黄洞乡滑水冲、客家民俗村。

从地理位置上看，贺州市的主要旅游景点可以分为四大片区：南面包括大桂山国家森林公园、临贺古城、玉印佛山、客家围屋、紫云洞等景区景点；东面包括贺州温泉、玉石林、十八水景区、姑婆山国家森林公园等景区景点；北面主要有碧水岩、十里画廊、秀水状元村等景区景点；西面主要有黄姚古镇、桂江生态旅游区等景区景点。各旅游景区景点分布于贺州市周边，市区与各景区景点的交通正逐步完善，适合安排一日游、两日游、三日游或四日游的旅游线路，丰富的旅游线路为游客提供了多种出游选择，延长了游客停留时间，提高了旅游收入，同时带动了其他相关行业的发展。

三、文旅融合发展现状

贺州，迄今已有 2100 多年的历史，慷慨的自然赋予其一片秀美山川，人文与自然交相辉映，为贺州市文旅融合发展提供了丰富资源。这里是"广文化"的发源地，也是古代海上陆上丝绸之路的连接点。

贺州市自古以来都处于桂、湘、粤三省区的交通要道上，交通便利。贺州市是"世界长寿市"，全市森林覆盖率超过72%，拥有黄姚古镇、姑婆山国家森林公园等著名景区和瑶族盘王节等四项国家级非物质文化遗产。便捷的交通、优越的生态环境和丰富的文化旅游资源，使得贺州市成为热门旅游地，其中粤港澳大湾区游客人数占广西壮族自治区外游客总量的六成以上。

近年来，贺州市打响"山水园林长寿城""梦境黄姚·长寿贺州"城市品牌，主动加快东融。贺州市与自治区文旅厅合作共建黄姚古镇文化旅游产业示范区，目标建设广西东融先行示范试验区；先后在香港、澳门、广州等7市成立"广西贺州市文化旅游推广中心"，在深圳设立"贺州市文化旅游展示馆"，持续宣传推介贺州市文化旅游。贺州市还积极整合各类宣传平台资源，组织参加"广东国际旅游产业博览会""广州国际旅游展览会""澳门国际旅游（产业）博览会"等专业性展会和"美丽中国·港澳旅游推广"等主题活动，提升贺州市文化旅游在粤港澳大湾区的影响力和知名度。2019年，贺州市旅游总接待游客4344.68万人次，旅游总消费551.67亿元；2021年，旅游总接待量、旅游总消费恢复至2019年同期的九成。2022年，贺州市接待游客总人数达3195万人次，实现旅游消费393亿元，其中粤港澳大湾区游客在区外游客中超70%，贺州市已成为粤港澳大湾区游客最喜欢的旅游目的地之一。

2022年，贺州市14个部门联合制定出台50条措施，涵盖财政补助、税费减免等多个方面，切实推动文旅行业复苏；联合桂林、肇庆两市开展"粤桂画廊"惠民兴旅主题活动，实施三市互通A级景区门票优惠政策；参加在深圳举行的2022粤桂黔（广西段）高铁经济带旅游联盟推介会，深化区域旅游合作；选派干部到肇庆市跟岗锻炼，联合开展媒体采风、资源互推等活动；继续深化与"港中旅""广之旅"等实力旅行社的深度合作。

　　根据自治区旅游局的统一部署，在旅行社质量等级划分与评定工作中，贺州市 13 家旅行社中共有 12 家参与星级评定工作，其中 4 家被评为四星级旅行社，8 家被评为三星级旅行社。

　　近年来，贺州市星级饭店发展迅速，酒店硬件设施实现了新的突破。大部分饭店采用逐年改造法对饭店硬件设施进行改造，使饭店硬件达到旅游星级标准的要求。

　　同时，贺州市通过开展各种旅游培训活动，培养出一批专业的旅游接待人员，逐步提高了旅游接待服务质量。通过组织开展导游员评选大赛提高全市各旅行社导游员的职业素质和服务水平。贺州市各星级酒店通过组织考察其他地区的旅游酒店，学习其先进的管理经验，同时，引进专业人才，加强企业员工培训，规范了旅游饭店的经营管理，提高了饭店从业人员的服务素质和技能水平。

第四章　文旅融合助力乡村振兴的
模式构建

第一节　文旅融合推进乡村振兴条件分析

随着文旅融合的深入推进，文旅融合水平和质量显著提升。本节以贺州市为例，围绕文旅融合的外部环境、内部需求、生态条件及文化资源等方面，重点分析文旅融合推进乡村振兴的动力及条件。

一、外部大环境变化

乡村振兴战略是新时代做好"三农"工作的总抓手。2018 年，中共中央、国务院印发《乡村振兴战略规划（2018—2022 年）》，对实施乡村振兴战略作出阶段性谋划。在中共中央、国务院的规划引领下，全国各地坚持把乡村文化保护和挖掘作为实现乡村振兴的重要抓手，开发独具文化特色的乡村旅游项目，实现文旅农商产业深度融合，有效保障了乡村文旅产业快速发展。在乡村文旅产业迅速崛起的背景下，各地政府发挥主导作用，相继出台系列配套政策，鼓励发展文化、旅游产业，积极探索文旅融合的模式及路径。与此同时，积极响应上级号召，依托得天独厚的生态资源和文化历史资源发展乡村旅游业，取得了不错的成绩。

二、内部发展需要

中国特色社会主义进入新时代，我国社会主要矛盾已经转化为人民日益增长的美好生活需要和不平衡不充分的发展之间的矛盾。这在"三农"问题上尤为突出。

一是城乡经济发展和收入不平衡；二是农村区域内部发展不平衡和产业经济发展不充分，有的农村率先发展起来，有的农村因为资源利用率不高、发展方式不多等发展不充分。这个矛盾在贺州市的发展上体现在两方面：一方面是外出务工和留守人口收入不平衡，农村区域发展不平衡和产业发展不充分，特别是明月村村民收入偏低，自身也具有强烈的增收致富愿望；另一方面是城市人口尤其是大都市人口热衷于周边郊区旅游。为了盘活资源，助力乡村振兴，承接大都市外溢需求，乡村旅游应运而生。

乡村旅游为乡村振兴战略的实施做出积极保障。多年来，贺州市立足生态环境和现代农业优势，积极推动各区县利用自身优势、方针政策，大力发展乡村种植业、畜牧业、旅游业等。特别是旅游业，从最早的"农家乐"旅游方式逐步发展为农商文旅跨界融合的全域发展的乡村文化创意旅游，为乡村旅游助推乡村振兴提供了良好范本。贺州市认真贯彻中央、省、市精神，因地制宜，制定农商文旅整体融合发展配套政策，并在实践中探索出文化传承与农村发展相互融合的新路径，激发了农村发展的内生动力。

三、具备文化自然要素

贺州市在山水林田湖各方面均重视生态保护，强化森林资源保护，落实林长制，做好林木管护工作，建立信息数据库，完成树木挂牌工作。

强化水资源保护，建立河长制巡河联动机制，美化水域环境。引导群众进行户厕改造和垃圾分类，实现卫生保洁市场化、保洁员专职化，完成生活污水处理设施建设和提标改造，促进水环境持续好转，有效巩固"国家卫生镇"成果。持续深化"三机制""七改七化"，形成常态化治理机制。

一系列政策的落实到位，为文旅融合发展提供了良好的环境支撑。贺州市拥有独特的人文生态景观。民族风农舍的布局和泥砖独具乡土风格，山、竹海、松林等自然景观营造了良好的生态环境。与此同时，贺州市拥有独特的乡土文化意象，包括乡村建筑群落、优秀乡风民俗、传统乡村劳作模式及传承窑文化等，这些意象富有深刻的历史内涵和文化底蕴，给游客不一样的氛围。

文明乡风是乡村振兴的重要组成部分，是实现文旅融合发展的宝贵文化资源。贺州市制定了相应的规章制度，推动移风易俗。树立先进典型，引导村民自觉弘扬友爱互助精神，营造向上向善的民风。建立文化学习平台，培养时代新人，以文明村、"三美"示范村创建为抓手，建设文化廊、村史馆等场所，宣传优秀文化、文明礼仪、先进事迹，依托讲堂、夜校等平台传播新知识，弘扬正能量。由此可见，贺州市具有文化资源丰富的先天优势，为文化振兴奠定了基础。

四、其他影响因素

贺州市政府发挥主导作用，统筹协调，加强了基层治理，为乡村振兴提供了制度基础。同时加强人才和经营主体激励，促进优秀人才返乡就业、优质企业及经营主体下乡投资。贺州市为引进和培育人才提供政策保障，吸引了众多大学生、村民返乡创业。坚持党建引领，完善职能职责。引导党员坚持理论学习，让广大党员随时了解时事政治、法律法规，提高党性修养，同时，注重发挥党员引领示范作用。狠抓综合治理，着力保障民生。全面实施精准救助,对困难群众进行摸底调查,落实好各项优抚政策,积极开展各类社区教育活动。稳定社会治安,营造安全环境。全面推广"一五七三"基层社会治理模式,扎实开展"123+N"新村治理、"1+1+3+N"专群联动、"五老"调解等工作,借助综治宣传月、"6.26"国际禁毒日等重要节点开展专项宣传活动,共建和谐平安贺州。这一系列措施为贺州市文旅融合创造了系统的制度基础。

第二节 文旅融合促进乡村振兴模式与类型分析

文化产业与旅游产业融合的模式、类型是指文旅产业融合的具体形式。程晓丽等认为旅游产业与文化产业融合的模式要因地制宜,突出产业自身的特点,提出安徽省文化旅游产业融合模式主要有渗透型、延伸型和重组型。张海燕等认为文化产业与旅游产业融合模式主要包括文化旅游圈融合、旅游节庆与会展推广、项目开发融合和文化旅游产品创新四种类型。尹华光等以武陵山片区为例,指出文化产业与旅游产业的融合大致有三种模式:延伸型模式(价值链的互动延伸)、重组型模式(内容上、商业上的重组融合)、一体化融合模式(彼此向对方渗透融合)。徐仁立基于项目带动型、品牌带动型、综合发展型、企业驱动型四种模式对如何推动旅游产业与文化产业融合进行了探索。兰苑等研究发现,能够与山西省旅游产业发生融合的文化产业主要有影视传媒业、工艺美术业、休闲娱乐业、演艺业和会展业。霍艳莲将文化产业与旅游产业融合的模式归纳为三种:自然延伸融合、嵌入与渗透式融合、互补与交叉式融合。在李景初看来,文化产业与旅游产业融合要以产业融合园区为载体,具体可以采取公园游憩带模式或者集聚模式。庞博认为,文化产业和旅游产业融合的类型包括技术融合、产品融合、企业融合和市场融合。范建华分析认为,与旅游产业可能会发生深度融合的文化类型主要有生态文化、历史文化、各民族优秀传统文化、美丽乡村文化。由此可见，关于旅游产业与文化产业融合的模式与类型，学者们针对不同的产业类型提出了不同的融合模式，即便是针对同一种产业与旅游产业融合也会有不同的看法。

一、文化传承与创新——传统工艺＋新兴技术

文化是旅游业发展的灵魂和精神内核。文旅融合理论将文化作为文化产业以及旅游产业融合的指引性资源，将其放在产业融合的核心环节上。只有以技术为纽带，链接传统文化与新兴文化，完成文化传承与创新，才能实现文旅产业的融合发展。在实践过程中，既要最大程度地还原传统工艺，又要广泛运用新兴技术。

文旅融合应依托生态、形态、业态和文态，以传承和创新传统文化推动文化艺术生态集聚融合。

首先，抓实项目载体，在项目设计、项目执行、项目评估和项目优化等方面下功夫，启动文化产业项目建设。其次，构建文创生态圈，利用传统工艺和历史故事吸引大量创客和投资者，形成特色的文创集群。最后，搭建文化交流平台，开展多项文化交流活动、培训讲座，邀请国内外知名专家参与现场互动、沟通交流，并进行经验交流。

二、生态本底保护与发展——生态资源＋文创改造

生态资源是农村文旅产业融合的基础。文旅融合理论在宏观层面提出生态资源是产业融合特别是文旅融合的基础性资源。只有按照独特性和差异性来开发生态资源，才能实现文旅产业融合。在开发过程中，只有实现可持续发展与对生态资源的保护，才能保证农业及文旅产业的长期发展。强化对民居等生态本底的保护，将现代时尚元素融入传统乡土文化，打造具有生态本底的新型旅游景观，大力发展农文旅深度融合的

乡村经济。可从三方面入手：首先，突出人与自然相融理念，建设个性化文化服务设施。其次，将基础建设融入生态元素，修建文化广场、停车场、文化墙等设施，串联起若干文创项目。最后，租赁当地村民的老旧房屋，将其改造为工作室、民宿等，开设特色餐饮和住宿场所，提升乡村整体风貌和业态补充。

三、产、村、人融合与共享——原住村民＋新型村民

基层乡村治理体系是乡村文旅产业融合的重要支撑，实现产、村、人融合，发展成果共享是实现文旅产业融合模式良性发展的必备条件。乡村振兴战略提出产业、生态等方面"五位一体"的思想。基层乡村治理是乡村振兴"五位一体"布局当中的重要环节。完善乡村治理体系要充分发挥村民的主体作用，注重新村民和原住村民共建共享互动，开阔村民的发展思路，激发其对乡土文化的自信，积蓄农村持续发展的深厚力量。具体可分为三个方面：一是参与文创项目。由原住村民出租闲置房屋进行文化项目改造，并转变为文创院落房东、文创项目员工、文创导览解说员，在改善居住环境的同时拓宽了增收渠道。二是参加专合组织。成立乡村旅游专业合作社，由部分原住村民自筹资金入股成为社员，政府、村集体、村民各自出资，政府不参与分红并在三年后转股退出。三是主动兴业创业。依托土地资源，建成核心示范园，同时由村民承包合作社开发项目，实现年收入同比增长，提升群众的参与感和获得感。

四、文化服务需与供——高质量＋新理念

文化服务是文旅产业融合的内核与主要差异点。在价值链和文旅融合理论当中，均将文化作为核心指引资源。文化服务不仅能够延长价值链，增加附加值，还能够实现文旅产业融合，突出独特性和差异性。通过延长文化服务产业链，打造文旅项目的独特差异点和营利点，是实现

文旅融合的关键抓手。建立"群众点单，政府上菜"公共文化服务模式，加速推进公共文化服务，提升群众文化品位和层次。具体分为三个方面：一是实施公共文化"精准服务"。通过政府购买服务、社会公益组织主动参与的方式，先后引进多个社会公益组织，搭建平台，常态化开展公益文化活动，并精准推出为老人读书、暑期"留守儿童"志愿服务、阅读分享等公益文化服务。二是关注原住村民创业与发展需求。启动村民系列培训，为村民量身定制导游服务、餐饮服务、旧房改造与设计等培训，目前已开展多期专题培训，邀请国内外具有影响力的乡村文创研究者、实践者分享经验和案例。三是搭建新老村民交流沟通平台。按照"新村民常驻、工作室常态化开放、公益培训定期开展"的原则，由新村民定期为青少年及其他爱好者开展陶艺、篆刻、国学、花艺等课程培训。在潜移默化中提升原住村民的文化品位和文艺素养，营造文化艺术氛围。

第三节　文旅融合机制模型构建的动因

关于产业融合的动因，学术界尚未形成统一的观点，学者们各持己见。有学者认为技术革新是促进产业融合的内在原因，管制放松和管理创新是产业融合的外在动因。也有学者认为产业融合的原因不在于技术因素，如厉无畏认为产业融合的内在动力是产业间的关联性和企业对效益最大化的追求，技术创新只起到催化剂的作用。李美云（2007）认为驱动产业融合的内在动力是产业融合的经济性，而外在动力为需求与竞争。陈柳钦（2007）把产业融合的动因分为四个方面：管制放松、技术创新、竞争合作的压力和跨国公司的发展。

随着产业的发展，产业融合现象逐渐扩散到各个领域，尤其是不同产业与旅游产业的融合。对各行业与旅游产业融合的研究也越来越多，其中包括对旅游产业融合动力的研究。王业良（2008）认为市场需求、技术革新、企业竞争力和政策放松是产业融合的四大驱动力。徐虹和范清（2008）认为旅游产业的强关联性、旅游企业追求最大效益是旅游产业融合发展的内在动因，技术创新、市场需求、管制放松和竞争压力是旅游产业融合发展的外在动力，而内外动力的相互作用促使旅游产业融合发展。赵磊（2012）把政治、经济、技术和社会看作文化产业与旅游产业的外在推动力。张辉和黄雪莹（2011）认为游客需求的变化是旅游产业融合的根本动力。张莞（2019）认为文旅融合的动力机制包括：原始动力产业子系统（农业子系统、文化产业子系统、旅游产业子系统），推力环境子系统（政治、经济、环境、技术），拉力供求子系统（供给和需求）。孙美琪等学者（2020）认为，文旅融合的动因主要有四个方面：高度的产业关联、高度的重合市场、技术创新、政策的支持与鼓励。

综上所述，国内外学者对产业融合动力的普遍共识是：①企业动因；②技术创新与进步；③政策管制；④市场竞争；⑤资源；⑥产业关联性；⑦需求等方面。

在对文旅融合动力进行系统的分析归纳后，根据产业融合理论以及旅游产业融合理论来研究农业、文化产业和旅游产业的融合动力是具有指导意义的。

笔者在对文旅融合动力要素进行理论探讨的基础上，参考一些学者的研究成果，根据民族地区文旅融合发展实际情况，将文旅融合的动力分为：内在动力、需求拉力、政府推力、环境动力。

一、内在动力

（一）产业关联性强

产业融合发展的基础是产业间高度的关联性，旅游产业作为关联性较高的综合性无边界产业，除了与旅游产业内部的六大要素（吃、住、行、游、购、娱）有着紧密联系外，还涉及信息服务、会议展览、文体等诸多行业，旅游产业不可能脱离其他产业自行发展。可见，旅游产业具有与其他众多产业融合共生的天然属性。

同时，旅游产业与文化产业同属于第三产业，具有显著的服务性和综合性的特征。此外文旅产业之间有较强的互补性。对于旅游产业而言，农业提供了更丰富的旅游资源，文化赋予旅游产品文化内涵，产业融合发展增加了旅游产品的附加值，优化整合资源，实现了旅游产品提质增效，并为旅游产业注入了新的活力。对于文化而言，与旅游产业融合不仅为优秀文化提供了交流传播的平台和载体，还以具有趣味性的方式将文化带入大众视野，有效保护和发展了民族地区已经衰落和消亡文化资源，有助于拓展文化产业客源市场。对于农业而言，文旅融合有利于增加农业的附加值，促进农业现代化、产业化发展。

（二）企业对经济利益的追逐

企业对经济利益的追逐是产业融合的内在动力。企业是文旅融合的主体，在产业融合过程中企业起着重要的作用。苏勇军（2011）认为企业谋求发展是产业融合的动力。胡勇军（2007）认为企业追求经济利益是产业融合的动力。因此企业是文旅产业融合的主体，也是消费者寻求的供给主体。企业追求经济利益最大化推动了产业融合发展。文旅融合以农业资源为核心，文化资源和旅游要素融入农村经济中，依托现有的特色资源和潜在的资源，在确保农业基本生产的基础上挖掘农业旅游价值，推动农业多功能发展，延伸农业产业链。文旅融合丰富了旅游产品的种类，提升了旅游产品的品质，扩展了旅游文化的内涵，加快了旅游企业及相关企业的发展步伐；同时提高了各企业的经济利益。

企业推动文旅融合的目的是降低运营成本、谋求新的发展，将经济利益最大化。一方面，文化产业作为一种创意产业，引入旅游企业开发旅游产品、塑造文化形象等，能增加旅游产品的趣味性和观赏性，从而带来超额利润，这对旅游企业发展有很大的驱动力。因此文旅融合不断发展。另一方面，在高质量发展背景下，传统农业已难以持续健康发展，迫使传统农业转型升级；传统旅游业难以满足新的消费需求，导致旅游企业利润低，旅游企业创新转型迫在眉睫。而文旅融合是传统产业脱胎换骨的机遇，也是企业降低运营成本、提高经济效益的方式之一。

企业之间的合作和竞争也会推动文旅融合。企业之间的竞争与合作可以打破产业间壁垒和障碍，推动行业融合发展，使不同产业能够找到合作的平台，从而使人力、物力和财力得以科学合理的利用。文旅融合降低了旅游企业、文化企业和农业企业之间的交易成本，生产出来的产品或服务更具备市场竞争优势，因而提高了企业的竞争力。文旅融合是一种经济现象，还受技术创新的影响，技术的革新是产业融合发展的催化剂。推动文旅融合发展的主要力量还是源于企业、行业及产业自身发展的驱动力。如今，旅游产业得到了迅速的发展，旅游产品的同质化容易造成旅游企业间的恶性竞争，这种恶性竞争只会使竞争者两败俱伤，甚至使部分旅游企业面临破产。所以旅游企业要想获得可持续发展，可以进行跨界融合发展，大力推动与其他产业尤其是农业和文化产业之间的合作。由此可见，促使文旅融合发展的动力一部分源于企业间的竞争和合作。

二、需求拉力

旅游需求是引发和维持人们旅游行为并将旅游行为导向旅游目标的驱动力。旅游需求是由旅游动力、闲暇时间和可支配收入构成的，它是文旅融合的拉力。根据马斯洛需求层次理论，人的需求大致可以分为两种，即物质需求和精神需求，且自始至终贯穿于人们的生活之中。由于消费具有层次性，当人们的低层次需求得到满足后，将逐渐追求品质化、深层次、有体验性的休闲娱乐需求，而文旅融合满足了人们对文化旅游的需求。因此，人们对旅游产品的多样化需求是文旅融合的一大动力。

（一）旅游资源观的改变促使文旅融合

旅游资源是发展旅游产业的基础，旅游产业可持续发展要依靠旅游资源对游客的吸引力和无限魅力，它与旅游产业的发展息息相关。过去说到旅游，人们想到的无非就是游山玩水，这种狭隘的认识，使旅游产品仅仅停留在传统粗放式观光旅游层面上，旅游资源的开发受到束缚。如今，人们的旅游观念发生了很大的转变，人们不再满足于单一的景区观光旅游，这使得旅游产业开始创新旅游产品，寻求与其他产业的融合发展，重新定义旅游资源。旅游资源观的转变促使文旅融合发展。农业和文化的旅游价值不断被挖掘，旅游资源的范畴也逐渐拓展，即凡是能够激发游客的旅游动机的一切资源都可以被视为旅游资源。例如，农业旅游资源：特色农场、农田、草甸、牧场；文化旅游资源：各民族的衣、食、住、行、生产等物质文化，婚丧嫁娶等民俗文化和文学艺术等精神文化。文旅融合发展可以使旅游产业在发展过程中不断推陈出新。例如，农业与文旅结合组成了综合休闲田园和文化创意园区等新型旅游产品。需求拉力使得文旅融合更加紧密，加快了文旅融合发展的步伐。

（二）旅游需求结构的改变促使文旅融合

国内旅游消费结构中，"餐饮、住宿、交通、游览"的比例较大，后来"购物"的比例也得到提高，旅游业中的"娱乐"要素所占比例始终较低，娱乐类的产品开发不够，而国际上"吃、住、行"和"游、购、娱"在旅游消费中的比例一般各占50%。但随着经济社会的发展，城乡居民的生活水平提高了，拥有的空闲时间也较多，旅游中的体验性和娱乐性逐渐成为游客关注的热点，娱乐要素在旅游消费中的比例逐渐增加，这将促使旅游业朝着更高端化的精神文化旅游、休闲体验旅游方向发展，如参观博物馆、采摘蔬果、体验农业生产劳作、体验当地文化活动等。推动单一的旅游向更高品质的复合型旅游转变，促使文旅融合的产品不断更新换代，以满足游客日益增长的精神文化需求。

在市场需求多样化背景下，应凭借自然资源禀赋，积极开发观光旅游等，在此基础上，深入挖掘本土农耕文化、民族文化，发展以农事体验、民俗文化、休闲农业为内容的文旅融合产业，满足游客的多样化需求。自然旅游资源保存着原始风貌，传统农耕文化遗存较多，"日出而作、日落而息"的慢节奏生活区，少数民族特色民俗、风景如画的农园等场所都能够让生活在快节奏和高压力下的都市居民体验到乡村慢节奏休闲的生活的乐趣。

三、政府推力

产业融合的推力来自政府。张俊英（2013）认为产业融合发展初期应实施政府主导型发展战略，因为市场的自发作用较强，市场机制不完善，所以，需要政府来调节和引导。文旅融合同样也需要政府的引导，融合产品一旦被消费者接受和认可，消费者的需求就会增长。但在产业融合发展初期，少数民族地区产业基础薄弱，旅游配套基础设施和服务设施难以满足人们日益增长的文化旅游需求，单靠市场机制难以在短期内进行调节。在此背景下，发挥政府的宏观调控作用，通过出台旅游政策、组织修建基础配套设施等来推进文旅融合发展具有重要的意义。

在文旅融合发展初期，少数民族地区不仅科技水平偏低，而且从动态看，文旅融合发展过程中存在因投入不足而导致产出和收入不高的问题，这制约着文旅融合的快速发展。因此，在一定时期内，市场机制的作用将使少数民族地区与其他经济发达地区在产业发展和经济增长上逐渐产生巨大的差距，少数民族地区缩小这种差距的关键在于政府财政的支持和外部的援助。其中，国家的政策支持是决定因素。政府对农业、文化产业和旅游业具有政策导向作用，为三者融合发展指明了方向与道路。近年来，国家出台了一系列促进文旅融合规划和意见，加大了对产业融合发展的支持力度。例如，2019 年文化和旅游部等 17 个部门出台了促进乡村旅游可持续发展指导意见，明确指出加强乡村旅游与农业、文物保护、教育和体育等多领域深度融合发展，培育乡村旅游新产品、新业态、新模式，推进农村一二三产业融合发展。文旅产业融合发展有利于加快农业转型升级和完善农业产业体系，是我国传统农业现代化发展的举措之一。同时，政府制定并完善各项政策措施，如土地政策、产业政策等为文旅融合发展提供了有利条件。

随着我国社会的不断进步，各项制度也不断创新变革。尤其是与农业、文化产业和旅游产业相关的休假制度和产业管制制度等的变革，推动了文旅融合发展的进程。其中，休假制度促进文旅融合的表现为：政府通过变革或调整休假制度，影响居民休闲时间的分布，从而影响人们的旅游需求。陈柳钦（2007）指出旅游动机、可支配收入和可自由支配时间是旅游需求产生的必备条件，这说明可自由支配时间对旅游需求的产生具有一定的影响。同时国家也鼓励人们进行旅游消费，逐渐增加了节假日。例如，改革开放以来，我国的假日制度不断完善，从刚开始的六天工作、一天休息的工作制变为后来的五天工作制，为人们有选择性出游提供了时间上的保障，为文旅融合发展带来了机遇。此外，我国带薪休假制度的逐渐普及，居民的闲暇时间逐渐增多。政府的规章制度是文旅融合的保障。政府的放松规制主要有两个含义：一是彻底取消对被规制产业的限制，使其处于自由状态；二是部分地撤销规制，即对原来严格的制度进行调整或改变使之变得较宽松。

因此，在产业融合过程中需要政府的引导和规划，政府要减少或取消产业融合发展中的不利或不必要的规制，使规划更加科学合理化，从而促进企业竞争。

四、环境动力

（一）科学技术

科技是产业融合发展的桥梁，为产业融合发展提供了技术支撑。信息技术、生物技术和大数据等技术的进步及创新，推动了产业融合发展和地区经济发展。网络通信技术发展使偏远民族地区与外界联系更便捷，有利于这些地区学习其他地区较成熟的文旅融合发展理念和实践经验。

产业的发展离不开技术的创新。现代农业技术的广泛推广和应用，推动了传统低效率、低附加值、小规模粗放式生产方式逐渐向品质化、机械化、高附加值的生产方式转变。产业融合和重组农业资源，挖掘放大优秀农耕文化，借助技术手段将民族文化融入旅游产业，利用旅游营销渠道，向游客展现丰富的旅游产品，满足了游客的猎奇心，提升了旅游资源和产品价值。文化产业借助现代高科技手段和新媒体旅游平台，使文化传播得更快更广，受众更精确，满足了消费者在旅游时文化体验需求。旅游产业运用云计算、大数据等技术，根据点赞率、转发率、浏览记录等海量数据，判断游客的喜好，开发丰富的旅游产品。

（二）经济环境

经济环境和文旅融合发展是相辅相成的，一方面，地方经济实力的增强、财政收入和投融资的增加、居民消费水平的提高等都有助于投资开发、旅游配套设施完善和产业规模扩大，从而加快文旅融合发展；另一方面，随着文旅融合发展水平的提高，它所带来的经济效益、环境效应逐渐显著，可以推动经济社会的发展。

第五章　文旅融合发展存在的问题、原因及解决路径

自 1994 年我国建立了社会主义市场经济体系以来,全国经济的蓬勃发展以及人民旅游需求的扩大使得文化产业和旅游产业不断发展,并在发展中融合。但是旅游产业发展起步晚,体量小,文化产业化程度不高,因此普遍存在文旅产业渗透度不高,产业交叉延伸融合不够的问题。本章以广西壮族自治区贺州市为例,阐述我国文旅产业融合发展存在的问题、原因及解决路径。

第一节　文旅产业融合发展存在的问题

一、文旅产业融合发展的层次较低

第一,文旅融合产品和服务创新能力较弱,同国内较大景区相比竞争力不强,主要表现在特色化亮点产品市场创新能力差。文化旅游产业融合起步较晚,约 2000 年前,人们开始利用自然资源发展旅游产业。对于绝大多数村民来说,文旅产业融合发展尚属于新生事物,村民受到认知局限以及资金限制,并没有真正开发出高效优质的文旅融合产品。目

前开发的文旅融合产品虽然较为丰富，但是在制作工艺、售卖方式、宣传途径上存在因循守旧的问题：首先，在制作工艺上，文旅融合产品还保留着纯手工的传统，虽然能带给人们怀旧式的情怀，但是没有现代标准生产线会导致产品工艺不稳定，无法量产；其次，文旅融合产品的售卖方式仍然主要是线下售卖，有些店铺和工厂位置偏僻，门可罗雀；最后，在宣传途径上，一些石头画、根雕、砂器、泥塑店铺规模小，仍然采用顾客推荐的方式，并没有现代化的宣传方式融入其中。

第二，文旅产业融合链条短。由于地理位置的限制，贺州市周边游客的出游方式大多为一日游，对于食宿行业发展的带动性有限，旅游产业链较短。贺州市的文化产业相对于旅游产业规模还有空间，可依托游客开展文化活动。文化产业和旅游产业之间的融合发展也相对较简单，规模较小，并且文旅产业融合发展模式单一，主要依托人文历史，与国内大型景区和国外发达国家的文旅产业融合发展的情况相比，融合模式还不够丰富，缺乏历史文化和创意要素的融入。

二、文旅资源利用不够充分

贺州市自古以来就是桂粤湘三省（区）通衢之地，拥有深厚的历史文化底蕴，但是由于思想层面上重视程度低以及文化资源资金投入开发不足等原因导致文化资源利用不充分，存在传统文化资源闲置和保护不足的问题。

第一，整合资源、深化利用资源能力弱。随着旅游产业的发展，越来越多农村居民脱贫致富，给乡村旅游地的居民带来了收入，村民尝到甜头，很多原本不从事乡村旅游行业的村民也开始进入这一行业。但是，大部分村民以及企业并没有对自身进行合理规划，没有将自身特色充分展现出来，使得旅游产品同质化严重，最明显的表现就是涌现出大量雷同的"农家乐"；将天然瀑布以及人工湖开发成景点拍照打卡；工作人员穿上影楼风古装进行围湖游行；利用水乡优势开发民宿等。未对自然资源以及历史文化进行深度开发，没有将贺州独有的历史文化资源高效转化成旅游资源。只是浅层次利用自然资源以及文化资源，千年古村所拥有的唐朝文化、红色文化、清明节来源文化等没有被充分挖掘，游客了解学习这些文化的渠道并不多，艺术价值高、品位高、附加值高的高端文旅产品更是稀缺。

第二，对文化资源保护力度不足。在过去，贺州市多数村民不重视文旅产业的可持续发展，忽视了对本村特色文化的挖掘，没有将自身优势加以利用。20 世纪 70 年代，贺州居民居住环境简陋，人均居住面积仅有 6 平方米。改革开放以来，许多的村民告别了昔日的旧房，乔迁到了设施齐全、宽敞明亮的新居。但大部分村民在原有老屋的基础上进行扩建，这不仅违反了国家相关法律，而且对历史文化遗产的破坏和损失是无法估量的，损失的文化资源从长远来看更是对经济效益的破坏。除了主观原因之外，贺州市由于地理位置，经历了时间变迁，对文化遗迹造成了大量的破坏，造成了不同程度的损失。

三、文旅产业市场一体化发展乏力

市场融合是文化产业和旅游产业充分融合发展的内生动力，只有抓住这一切入点，才能推动文化产业和旅游产业的全面融合。贺州市文旅产业融合发展在文旅一体化市场的培育以及文化机构与旅游企业的对接合作上呈现出弱势，文旅一体化市场的竞争力也明显不足。

第一，文旅一体化市场对接合作未形成固定模式。在市场制度的作用下，市场融合在某种程度上主导了文旅产业的融合方式及内容，并决定了其融合的深度和广度。如何在文旅产业市场融合的进程中正确地把握好发展原则与方向，对融合效果的作用是至关重要的。在贺州市文化产业、旅游产业融合过程中，很多文化机构和旅游企业对接合作没有形成固定的模式。由于引领文旅产业发展的旅游企业规模大、话语权多，而村基层文化机构规模小，大部分是以个体商户的形式存在，因此贺州市文化机构在和旅游企业合作时话语权小，并且都是分户合作，没有进行集体合作，这也埋下了市场利润分配不合理的隐患。

第二，文旅一体化市场的竞争力不足。贺州市的文旅产业市场竞争力弱表现在景区吸引力不足、景点娱乐项目同质化强等方面。贺州市文旅产业规模还有空间，没有形成集群品牌效应，与全国类似的文化景点相比市场竞争力不足，仅对周边 200 公里范围内的县市民众具有吸引力，对省内除本市和省会以外的城市居民吸引力小。许多项目存在同质化现象，这些旅游娱乐项目看似经济效益良好，但是长此以往同质化强的旅游项目不足以吸引游客多次游览，对游客的黏性不强。

四、文旅产业专门人才缺失

贺州市文旅产业融合发展的一个重大问题就是人才的严重缺失，年轻人占比低，本科以上高学历人才占比低，人才流失严重。

第一，对高素质人才吸引力不足。文旅产业融合发展具有特殊性且综合性很强，对于文化和旅游相关专业人才、经营管理复合人才、创意创新人才、高素质服务人才等需求较高，但是贺州市作为少数民族居多的城市，满足不了旅游市场如此庞大的人才需求，贺州市文旅产业融合面临着高素质人才短缺的问题。2018 年之后，贺州市旅游在建设过程中，参与规划、开发等重要环节，但由于当地人才匮乏，人才队伍梯队成长跟不上项目建设运营的实际需求，异地人才支援成为主要形式。此外，贺州市经济发展水平较低，无法提供较高薪资留住高素质人才，也制约了高端人才进入贺州发展。优秀管理人员的匮乏，既懂文化旅游又懂经营管理的复合型人才也严重缺少，这些现实的人才问题都在制约着景区的良性发展。接受访谈的村干部说："我们村人才流出比较多，贺州的经济水平在全国比较落后，大部分出去学习和打工的青年不太愿意回来，尤其是高学历的人才。"

第二，青壮年劳动力缺少。青壮年劳动力不仅是文旅产业发展所需要的，更是农村经济发展的基础，没有了青壮年劳动力，农村多种产业的发展也就无从谈起。实地调研数据显示，贺州市大量青壮年外出打工谋求更好发展导致劳动力减少，劳动力不足，出现空心化现象。学龄儿童在常住人口中的比例较小，这也为劳动力发展后劲不足埋下了隐患。

五、特色项目尚未形成规模式产业优势

在发展地域特色民族文化和旅游资源、打造新业态项目品牌方面，对广西丰富独特的文化旅游资源缺乏深度挖掘和创新开发。当前开发比较成功的以桂林、德天瀑布等山水文化和民族风情文化为主，红色文化、边关文化、长寿文化等特色文化旅游资源的开发仍然存在深度挖掘不足的问题，特色资源未转化成为创新产品。地方城镇和农村地区未能取得融合的成果，融入文旅打造新业态新产品远未形成大规模的产业融合优势，后续打造的大型实景演出等所谓的拿手项目，并不能很好地传承或复制经典的成功模式，未能摆脱后劲不足、创新乏力的窘境。

第二节　文旅产业融合发展存在问题的原因

贺州市文旅产业在发展过程中遇到了许多新的挑战和问题，其背后深层原因分为多个方面：文旅产业融合深度不够、资源可持续发展意识缺乏、文旅融合产品供给不足、人才引进和培育工作不到位。

一、理念先行的思维不够广阔

2018 年 3 月，中华人民共和国文化和旅游部设立。文旅融合是新的举措，这就需要文化和旅游相关部门进一步解放思想，不断提高文化旅

游融合的思想认识，增强对文旅产业融合发展重要性、必要性的领会，牢固树立多者融合创新发展的理念。首先是推进融合先行的理念，从而引领带动文化旅游相关资源有效的开发与配置融合、产业发展蓝图规划融合、产品项目品牌打造融合、业态创新精品重塑融合、市场营销网络监管融合、公共服务平台融合等理念的生发形成。唯有确保"理念先行"方能摘得文旅融合的创新成果，实现高质量发展的目标。

二、文旅产业融合深度不够

贺州市的文旅产业融合发展层次低是由于文旅产业融合深度不够。产业融合深度不够有许多方面的原因，如文旅资源不丰富、文化资源的挖掘深度与开发广度不够，以及旅游产业发展转型效率较低等原因。

文化产业与旅游产业进行融合是比较复杂的，虽然近些年政府对旅游产业的关注程度越来越高，但文旅产业融合却没有得到很好的发展，主要因为在融合开发的过程中缺乏深度。贺州市在发展文旅融合时，由于文化产业发展滞后于旅游产业，而对文化资源挖掘的深度和广度不够，对文化资源的保护和利用也不够，造成了旅游产业不能有效地将其转换为自身发展所必需的整合资源，从而使其最终实现收益的能力降低。例如，贺州地区有着丰富的红色军旅文化，这些文化承载着中华民族不屈不挠、勇于抗争、共御外侮的革命传统和精神脊梁。但是当笔者走进贺州却只看到了一个英雄纪念碑，并没有其他关于红色文化的旅游景点，可见对红色文化资源挖掘的深度不够；贺州市的景区一直以民族文化为吸引游客的卖点，但是在对于民族文化的利用和开发却十分欠缺，仅仅在景区内有民族服饰游行，几乎没有开发利用民族文化的文化机构。

随着文旅产业的发展，旅游产品开发越来越依赖于土地和资本，文旅产品开发也越来越依赖创意和体验。只有具备独特元素、注重体验感受的旅游产品和旅行目的地，才能留住游客的脚步。贺州市的文化产品缺少了游客的充分体验。例如上水石、砂器、根雕、石头画、酿造、编织、泥塑等文化产品获得经济效益的方式主要是售卖，游客缺乏沉浸式体验，文化产品对游客的吸引力不足。

三、资源可持续发展意识缺乏

贺州市文旅资源没有得到合理开发合理利用的主要原因是缺乏资源可持续发展意识。"绿水青山就是金山银山"，优质的自然生态资源和历史文化资源是一个地区的宝贵财富，如果加以合理的规划利用就能够对当地的经济发展起到非常大的促进作用。缺乏资源可持续发展意识的表现有以下两种：

第一，急功近利，盲目追求短期经济效益，不做长期合理规划，只想着利用"旅游热"挣快钱。这会导致出现大量的同质化文旅产品，如没有特点、毫无新意的农家乐和大量雷同的旅游特产和娱乐项目，这些文旅融合产品只是浅层次、表面化的融合，并没有充分利用本地区特有的历史文化，并且不具有多次游览、购买、体验的价值。随着时间的推移，这些失去"农"味、"乡"味，缺乏文化内涵和深度包装、低层次的文旅融合产品会逐渐被游客抛弃。例如，贺州市在文旅产业迅速发展时涌现出大量的民宿、农家乐，仅仅在古街就有多家民宿，农家乐饭店，当笔者走进这些民宿和农家乐时发现，它们当中，大部分的装修布置和服务都一致，出现了同质化的现象。

第二，目光短浅，不认为文旅资源有经济价值。在 20 世纪，由于经济发展水平、教育水平的限制，人们的思想认识觉悟不高，会为了短期的享受而破坏历史文化遗产，如拆掉有历史文化价值的老屋建新屋等，但是这种大规模破坏的情况随着经济水平的提升、人们物质逐渐丰富不复存在。如今，破坏文旅资源的原因主要是极个别人不合理排放污水、游客在文物上乱写乱画以及暴雨、大风等自然灾害。

四、文旅产业融合规模较小

贺州市以及周边地区的文旅产业融合市场发展乏力的主要原因是贺州市文旅产业融合的规模较小。根据实地调研可知原因有二：一是未形成品牌集聚效应，二是交通和用地规模所限。

第一，没有形成品牌集聚效应。贺州市的 N 镇有多个景区，但是各景区"各自为战"，没有形成一条龙的精品旅游线路，这样的发展即会使自身资源得不到充分利用，也会让旅游发展空间很难进一步扩展。贺州市文化产业的壮大几乎是靠旅游产业的带动，本身没有足够的规模以及强劲的品牌吸引力，所以文旅融合品牌吸引力较弱。

第二，交通和用地规模所限。贺州市由于地形地貌所限，修建基础设施有一定难度。并且由于历史原因，贺州市存在大量的厂区闲置用地和闲置土地，但是目前没有将这部分闲置用地很好地利用起来，这也是贺州市文旅产业融合规模小的重要原因。

五、人才引进和培育工作不到位

贺州市文旅产业人才缺乏的主要原因是人才引进和培育工作不到位，这分为两个方面：一是经济发展水平的落后致使本地人才难以留住，外来人才吸引力不足；二是缺乏相应需求人才引进政策以及本地相关学校的培训。这两个方面原因也形成了恶性循环，让贺州市出现断层的现象。

第一，留守群体缺乏系统培训。随着城镇化进程的推进，贺州市出现了人口空心化的现象，农村青壮年劳动力外出务工，留守人口多以老人、妇女和儿童为主，留守群体普遍存在观念落后、受教育水平低、知识技能水平低的情况。这些问题决定了贺州市现有的劳动力对信息技术应用以及创新工艺的接受程度和掌握程度较低，不能很好地适应现代产业体系的更新换代。

贺州市的留守群体大部分从事景区卫生服务、小商品零售，或经营饭店及民宿，创新能力较差，如果没有系统培训则难以从事文旅产业融合发展的创新工作。

第二，人才培养和市场需求不相匹配。文旅产业融合发展具有特殊性且综合性很强，对于文化和旅游相关专业人才、经营管理复合人才、创意创新人才、高素质服务人才等需求较高，但是当地缺少专业的文化旅游产业培训机构和学校，创意、服务、设计、民俗传统等与文化旅游相关的艺术研究和政府赞助培训机构较少，而社会培训机构则更是凤毛麟角。文化创意产业的发展离不开文化资源，而能否成功地将两者结合起来，关键还是要靠创新人才。然而当地的创意人才十分稀缺。

六、特色项目发展不够突出

在融入地域特色民族文化和旅游资源、打造新业态项目品牌方面，对贺州市丰富独特的文化旅游资源缺乏深度挖掘和创新开发，当前开发比较成功的以黄瑶、岔山村长桌宴等山水文化和民族文化风情为主导，对红色文化、边关文化、长寿文化等特色文化旅游资源的开发仍然存在深度挖掘不足的问题，特色资源未转化成为创新产品。大部分地方城镇和农村地区未能取得融合的成果，为数不多的成果也仅分布在以紫云仙境、碧水岩、十里画廊、贺江、桂江、富江为代表的众多风光地貌和自然山水，寺平山遗址、牛岩山遗址、石城故城等 20 余处现存古遗址。融入文旅打造的新业态新产品远未形成大规模的产业融合优势，后续打造的所谓的拿手项目，并不能很好地传承或复制经典的成功模式，未能摆脱后劲不足、创新乏力的窘境。

七、政策扶持方面不够完善

文旅融合催生多维新业态，实现高质量发展，需要相应的资金投入作保障，尽管资金的来源更多依靠社会资本的介入，特别是大公司大企业的介入。然而广西是欠发达地区，地域招商引资魅力相对不足，与先进发达地区相比，政府财政更不宽裕，文化旅游基础建设经费投入有限，在文化旅游业中应用率较低，导致文旅资源开发能力不足。在此背景下，自治区各级政府层面需要加大对文旅融合的有效政策支持和必要资金扶持。

笔者通过对贺州市某村的实地考察，从文旅产业融合程度情况、融合规模、人才培育情况等方面进行深入研究，发现该地区文旅产业融合发展在取得一定成绩的同时存在一些限制其发展的问题，这些问题在一定程度上也反映出我国乡村文旅产业融合发展所面临的问题。只有清晰地认识到这些问题，才能对症下药，为我国乡村文旅产业融合发展提出建设性的建议。

第三节　文旅融合助力乡村振兴的现实路径

我国已经进入中国特色社会主义新时代，因此更需要继续深入研究文旅产业融合发展的各方面问题，寻找解决问题的现实路径，对文旅产业进行重新定位，充分重视它的重要性。本节在前文发现的文旅产业融合发展问题以及原因的基础上，深度探讨文化旅游型村落文旅产业融合发展的创新路径。搞好乡村文旅产业融合发展，要加强规划和顶层设计、促进乡村资源全域化整合，提升乡村文旅产业融合质量和效益，推动乡村文旅市场发展，加快农村专门人才体系建设，为乡村文旅产业融合发展增添新的活力。

文旅融合不是简单的文化产业与旅游产业的结合，文旅融合背景下的乡村旅游发展更强调文化的体验性和综合性，通过对当地文化进行更细致的资源分析，深挖其内涵，从而在乡村旅游发展的过程中展示出乡村文化的精髓和内在价值，实现文化传承，促进当地乡村旅游的高速发展。

一、加强规划和顶层设计

在乡村振兴的大背景下，促进文旅产业融合发展，加强规划和顶层设计是最基础的环节，因此要以省、市为单位对文旅产业融合发展进行谋篇布局，盘活文旅资源，下好产业转型升级的"一盘棋"。

（一）加强文旅项目整体统筹

对于文旅产业发展来说，顶层设计是十分必要的，政策扶持更是保障文旅产业可持续发展的关键，而相关机制是政策顺利推行的辅助流程。当地政府应该发挥整体统筹作用，加强引导和审核，带动产业良性循环发展。

一方面，整体统筹规划村落以及周边景区发展。解决景区运营企业"各自为战"的问题，在充分利用景区自身文旅资源的基础上扩大旅游发展空间，促进区域一体化发展。将距离较近的景区统一规划，整合这些现有的景区资源，积极探索一票制管理、合理化分红模式，推进景区一体化运营，这样既可提升游客的满意度，又有助于景区的发展壮大。要从交通一体化、运营一体化、服务品质一体化三个方面进行整体统筹规划，保证相关联景区之间交通畅通，方便游客休闲、娱乐。以山西省为例，由于旅游资源分散，大部分景区都存在"各自为战"的情况，因此要从全省的角度出发，整体统筹开发，规划旅游精品线路，壮大文化产业，进一步加快文旅产业资源的融合发展。

另一方面，贯彻文旅融合新理念，打造景区村落。以往的文旅融合理念主要是建设景区景点，但是国内游客对于景点观光的需求已经转向了沉浸式体验的需求，对于乡村康养、休闲的旅游功能提出更高的要求，因此更加需要政府部门进行合理的规划，这时科学的、创新的文旅融合理念就占据了至关重要的地位。

要想拥有文旅融合新理念就要对国内发展势头强劲的地区进行深入

细致的考察，并结合本地区实际情况制定合理规划；要摒弃因循守旧的观念，深入挖掘乡风民俗文化资源，继续发展文旅融合新业态，扩大沉浸式旅游体验的优势。

（二）完善紧密型利益联结机制

农民是产业融合的主体，更是文旅融合发展的核心，提高农民参与度有利于提高农民参与文旅产业建设的积极性，加强农民对于农村产业升级的主人翁意识。

首先，加强农民对于上、中、下游文旅产业全链条的参与。要充分引导农民以景区为核心，加强农民参与文旅企业与相关加工产业（如土特产品加工业、艺术创造服务业、娱乐旅游业、小商品批发业，以及商品线上分销企业等）的积极性。积极鼓励农民创业，为创业农民群体或个人提供政策、资金、工厂用地等方面的扶持，增强对于文化机构、旅游企业、康养企业、农产品加工业的扶持力度，促进农村整体效益提高。

其次，政府可搭建便于乡村文化旅游交流的线上线下学习平台，邀请各行业顶尖手工艺人对当地农民进行技术指导，尤其是家庭妇女以及有一定劳动力的残障人士；加强农民对于传统文化的了解，为农民参与文化产业提供渠道保障。当地村民作为主要参与者，对于本村的文化旅游资源了解更深刻，情感更厚重，并且受外来文化的影响较小，利于保留乡村文化的纯真性。培训可以涉及富有地方特色的剪纸、根雕、泥塑、盆景、面塑、艺术画等技术含量高、投入回报比高的文化产业；丰富当地文化机构的种类，增加文化机构从业人员数量，提升农民参与度。

最后，优化村民分红制度。健全的分红制度能够提高农民的参与积极性，有助于形成互助协作、共同发展的经营模式，能够发挥农民的主人翁意识，促进产业进一步发展。优化旅游企业以及文化机构的分红制度，提高农民参与分红的比例，加快构建多样的农民文旅产业合作社，制定多种方案，促进农村集体产权制度改革。

二、促进乡村资源全域化整合

乡村地区文化资源和旅游资源丰富，但是乡村资源对于外界的抗干扰能力是有限的，呈现一定脆弱性，因此推动乡村资源全域化整合，加强文化资源和旅游资源的深度融合是十分必要的。

政府需要将分散的各类资源进行整体规划和分类，全局把控，扩大乡村旅游产业规模，形成既具有地方特色又具有整体风格的旅游圈。聚焦游客的目光，形成新的旅游热点，满足游客文化和旅游的需求。贺州市政府适时推动编制完善乡村旅游片区规划，按照"四个一体打造"工作要求，解决乡村旅游发展中盲目开发、无序化管理、缺乏可持续性和低效率等问题。针对目前全市村落发展乡村旅游的无序状态，积极开展村落景区化改造提升工作，用国家A级景区划分评定标准，对现有发展乡村旅游的村落进行标准化提升。形成以旅富农、以农促旅、文旅结合共同发展的良好态势。同时，协调好各方利益，提高参与者的积极能动性；差异化布局，确保乡村旅游的持续健康发展，促进乡村旅游提档升级。

（一）提高全民文旅资源保护意识

文旅资源是文旅产业融合发展的灵魂。文旅产业融合发展能够通过利用文化资源和旅游资源促进经济发展，从而让农民自发地产生保护文旅资源的意识，提高全民的文旅保护意识也同样能够提升文旅产业的发展效率，二者相互依存，形成了良性循环。

发展乡村旅游要以保护为前提，避免过度商业化，产生逆反的效果。乡村的原生态资源和状态是乡村旅游的根本，因此在乡村旅游发展过程中要注重对生态环境的维护和监管，否则无法实现乡村旅游的高质量发展。乡村以其文化的独特性而展现出民族文化的丰富内涵，其独特的历史资源、自然资源、民族资源、文化资源等都是需要发现和保护的内容。发展乡村旅游，文化是核心，因此要加强对核心文化资源的保护，必须完善硬件设施，利用当地的文化资源来促进乡村的建设和发展。比如，建立乡村民俗展览馆、乡村艺术馆、乡村博物馆等，都会促进乡村建设发展。加强文化建设，优化文化资源配置，建立健全历史文化名城等相关长效管理机制，提升古城文化的保护和利用水平。对于非物质文化遗产的保护，要多注意走访传承人，利用图片、文字、视频等多种形式记录每一项非物质文化遗产的内容，以便更好地实现文化的传承和延续。

一方面，制定文旅资源保护规章制度。将文旅资源保护意识通过硬性的规章制度确定下来，起到监督作用。在制定规章制度的过程中要积极参考当地村民意见和建议，让制度符合实际情况，具有实操性；在执行过程中严格遵守制度标准，安排相关工作人员进行监督，对于破坏的历史遗迹的游客和村民进行处罚，促使公民自觉承担起对资源环境、历史文物的保护义务。

另一方面，要提高村民的审美能力。审美能力的提高意味着村民对于环境资源、文化资源的主动保护意识的增强。让村民感受到深厚历史文化的滋养，优质生态环境的美好，有助于他们摒弃只顾商业价值而不加节制地利用文旅资源的僵化认识，有助于他们积极保护自然生态、民俗传统、历史遗迹，从而实现社会效益和生态效益的双向互动。提高村民审美能力可以通过加强宣传教育来实现，积极编制刊印资源保护手册，做到人手一本；可以积极组织公益活动，通过物质奖品激励村民进行打扫卫生、清理垃圾、修复历史遗迹的活动；同时加强学校的资源保护教育，提高青少年的审美意识，积极组织绿色环保课、公益实践课、文化传承课，让资源保护意识扎根于青少年心中，让他们成为保护资源的后备力量。

（二）保障文化旅游资源科学合理开发

坚持生态发展理念，保证文旅资源科学合理开发是文化旅游型村落长远发展的关键，更是寻求经济转型的省市实现可持续循环发展的重要保障。

　　一方面，要坚持保护，时刻牢记环保的发展理念。绝不能把开发乡村文化旅游资源片面地看成获取经济效益的工作，而应该把旅游资源视作大自然的馈赠和人类珍贵的财富。在发展和利用农村文化旅游资源的同时，要始终注重保护原始生态环境，不能吹毛求疵，也不能随波逐流；要使乡村文化旅游与村民的日常生活相协调，使乡村成为游客净化心灵的理想去所；要对已开发的文化旅游资源进行保护与提升，高标准、严要求，充分保护文化旅游资源，对于下一步开发情况和发展方式进行充分了解，杜绝出现破坏资源的行为。

　　另一方面，要实现深度整合开发。深挖文旅融合内涵，加强宣传力度，让经济发展的驱动力进一步带动文旅资源的融合开发。首先，合理开发本地历史文化资源，加强各种文旅项目的文化属性，全面提高众多资源的整合能力，丰富文化主题，打造文旅精品线路。其次，以文化创意内容为核心，侧重后端综合消费开发，构建丰富的后端产品体系，改善营利模式。文化旅游型村落要围绕文化的核心元素鼓励发展多种旅游演艺项目。最后，加强文旅融合产品的推广。充分利用传统媒体、网络媒体、融媒体和政府门户网站等，发展微博、抖音、移动客户端、微媒体，建立完整的文旅宣传营销体系。

三、提升乡村文旅产业融合的质量和效益

　　文化的重要性不言而喻，乡村文化是乡村经过多年来的岁月洗礼而形成的，内涵丰富，为乡村旅游的发展注入血脉和源泉。乡村文化通过丰富多样的形式展现给大众，才使得不同地区的乡村旅游有了较大的差异性。贺州市在发展乡村旅游产业的过程中，需要坚持文化和旅游融合的发展理念，改善乡村文化资源的分类和挖掘，明确记录，建立档案并传播当地的乡村故事。形成乡村旅游结合的典范。

对于深化文旅产业融合来说，产品融合和业态融合是至关重要的基础。提高文化和旅游产业的融合质量和效益就要从着力丰富文化产品供给、加快构建完备产业生态两个方面着手。

（一）着力丰富文旅产品供给

文旅产业融合必须围绕着消费者的实际需求进行，着力丰富文化产品供给，增加文旅融合产品的文化内涵，以确保其符合人民的需要。

在丰富旅游产品供给方面，贺州市需要指导有条件的区县建设乡村重点旅游集聚片区，协调推进旅游商品、演艺、非遗进景区。加大精品文化旅游小镇和村庄景区化培育提升力度，创建一批省级特色镇村。乡村旅游产品的设计和开发需要立足当代文化与价值观念，借助现代网络、声音、灯光等技术条件，对传统文化资源进行再加工；或者采用现代生产技术，研发具有文化创意的产品，打造具有地方文化特色的文化旅游形式，提高文化旅游产品的附加值。将传统文化、民俗习惯、娱乐技艺等融入乡村旅游产品与服务中，形成乡村旅游的文化产品体系，如打造民俗特色景观、地方性娱乐项目表演等。推进乡村旅游资源向旅游产品转化，指导县区依托农业园区、特色种植、乡村文化等资源，推出赏花采摘、休闲观光、乡村研学、民宿度假、民俗体验、健身运动等多样的乡村旅游产品和农事主题活动，丰富乡村旅游产品供给。

一方面，要打造具有吸引力的文旅融合产品就要深入了解游客需求，升华文化资源，激发游客对于乡村地区的情感，着力丰富沉浸式、创新式的文化体验；要积极运用优秀文化资源，通过协同创新吸引年轻化旅游群体；要合理利用"直播效应"等时下流行的经济发展新形势，创新文旅融合产品，点亮文旅经济，释放消费新活力，带动文旅产业发展。充分发挥地域资源优势，找准文化产业和旅游产业融合的切入口，加强特色化设计和优秀文化植入，打造具有民族区域特色的文旅品牌，围绕产业链上下游丰富产品类型和层次，提高文旅融合产品有效供给。

另一方面，要形成特色鲜明、类型多样、能满足不同人群需要的文化旅游产品体系，保留乡村文化旅游产品特色，实现"引人""留人""留心"。从多个方向、多种维度、多样业态三方面实现文旅融合产品的丰富性。丰富文化产品的同时要彰显文化的亲和力、凝聚力，让传统民俗、传统技艺和民族风情都展现夺目的光辉。

（二）加快构建完备的产业生态

构建完备的产业生态是产业融合的基础和保障，只有完备的产业生态才能让文旅融合具有生命力，并持续不断发展。

一方面，要加强整合方式的创新，提高融合的质量。不论是旅游传统六要素还是新兴六要素，都是站在游客的角度来评判游客在旅游过程中的需求的。因此，在文旅融合的过程中，应转变思维，围绕游客所思所想来整合资源。积极围绕完善文旅产业生态的方向进行模式创新。通过文化元素与旅游产业融合，让文化产业园区转向市场化，延伸影视、演艺等文化产业链，优化布局，不断推动文旅融合发展。

另一方面，拓宽资金来源，培育发展动力。资金是文旅融合发展的强劲动力，更是构建完备产业生态的保障力量。要改变政府财政主导的项目建设局面，主要通过两种途径。一是要大力招商引资力度，除了首位产业外，积极引进文旅项目，鼓励更多企业和资本进军文旅行业，做大做强文化旅游型村落的文旅产业，构建多元投资主体，不断拓宽资金来源。二是发挥财政资金的引导作用，设立"文旅融合发展基金"，广泛搭建投资平台，发挥市场作用，为乡村文旅融合发展贡献力量。

四、推动乡村文旅产业市场发展

推动乡村文旅市场发展是加强文旅融合、助推经济发展的重要环节。

要想文旅产业发展提质升级，培育和壮大文旅融合市场主体，拓宽文旅消费广度和深度是关键。

（一）培育壮大文旅融合市场主体

文旅融合发展不仅要形成党委领导、政府牵头、企业协同、群众参与的多位一体的体系，而且要提高群众参与程度。培育壮大文旅融合市场主体是为了顺应社会主义市场经济的发展要求，顺应乡村振兴产业兴旺的基本物质基础要求，通过文旅产业融合发展的创新点引导社会力量参与农村地区建设，走共同富裕之路。

首先，以高质量发展为主题，引领市场主体转型升级。顺应居民消费升级的需求，文化产业和旅游行业的转型升级发展，迫切需要市场主体加快转型。利用村落所在地，组织集体经济，利用资源优势，引导社会力量通过捐赠投资、集资、入股等方式参与，积极进行招商引资。

其次，结合文旅消费市场态势和文旅融合发展动向，优化文旅消费服务。可以向游客发放文化产业园消费券、旅游景点代金券、文旅产品满减券吸引游客，也可以通过游客多次游览促销打折的活动吸引游客。文旅企业可以通过打造"文旅消费季"的旅游黄金期吸引游客消费。政府要设立专项补贴基金，不仅从游客端进行打折和减免，更要给予文化机构、文旅企业一定补贴，培育和壮大文旅消费市场。

最后，针对传统文化场所进行改造升级，为文化和旅游企业的高质量发展提供方向指引。提升村落的造血功能，发展村办企业，加强乡村领导干部的引导能力，带领村民积极创新，将文化资源转化为文化创新，将旅游资源转化为经济效益。

（二）拓展文旅消费的广度和深度

随着乡村旅游活动的蓬勃开展，催生出一大批乡村旅游景区和乡村旅游产品，使得乡村旅游获得快速发展。乡村旅游产品的设计既要展示丰富多彩的乡村文化内容，还要满足游客对旅游体验的各种需求。

产业兴旺离不开消费市场的广阔发展，只有拥有广阔的消费市场，文旅产业融合发展才能真正焕发生机与活力。

一方面，大力推进消费过程和消费内容的融合。文化休闲与旅游消费在许多方面具有高度的重合，如旅游演艺、非遗文化展示与传承、文化艺术节等。要结合实际情况，制定实施景区门票减免、景区淡季免费开放、演出门票打折等政策，将文化展示、保护和消费活动有机地结合起来。这样不仅能够有效地保护、展示和传承历史文化，而且还可以提升旅游产品和服务的文化内涵，从而使文化和旅游消费在内容和过程上得到真正的结合。

另一方面，整合文化旅游型乡村的研学游资源，做好爱国主义与传统文化教育基地。依托乡村拥有的红色文化、传统文化资源，设计产品，推出专题研学旅游线路，与周边城市、省份加强联系，打造爱国主义与传统文化教育基地品牌。积极探索新的文旅融合消费模式，创新消费方式，打造消费新业态场景，从而进一步拓宽文旅消费深度和广度。

（三）推进产业深度融合

随着社会经济和现代技术水平的快速发展，文化产业和旅游产业融合已成为社会各界关注的热点话题和必然趋势。我国不仅发布了多项支持政策，而且还投入了充足的资源来推进文旅融合发展，期望通过文旅融合促进我国文化产业和旅游业的发展。

1. 发展文化创意产业

为了更好地满足大众对乡村美好生活的憧憬，乡村旅游不能坚持固有的发展模式，要想发展就要进行创意转型升级，延长乡村旅游产业链。乡村旅游发展过程中，文化创意产业占有十分重要的地位，目前来看，文化创意已经成为乡村旅游提质增效和转型升级的新动力。贺州市历史悠久、人文荟萃，发展文化创意产业有着丰富的人文资源和人才科技优势，已经具备了一定的发展实力。乡村文化创意旅游能够改变乡村建设同质化的现状，发挥乡村特色，所以乡村旅游与文化创意产业融合过程中，应该注重本地特色文化的发展，充分发挥创新优势，不断挖掘本地自然和人文旅游资源，实现优化供给。目前，需要站在"文化强市"战略的高度，进一步提高对发展文化创意产业重要性的认识，把文化创意产业作为乡村旅游产业的重要增长极。在贺州市乡村旅游发展过程中，将文化创意理念融入其中，传承乡村文化记忆，打造乡村旅游创意产品，满足消费者追求个性化、品质化、多元化的需求。

2. 加强文旅产业融合

先进文化可以促进旅游产业的可持续发展，因此在旅游产业发展过程中要注重文化的作用。在文旅两大产业不断交叉融合的背景之下（见图 5-1），随着乡村旅游产业自身的个性化、品牌化、创新性的不断提升，乡村旅游产业与纪念品、演艺、动漫、影视、非遗、游戏、博物馆等要素结合催生出文化旅游产品、旅游演艺、动漫公园、文化影视等新的旅游产品，为乡村旅游目的地的发展注入了新的生机与活力。

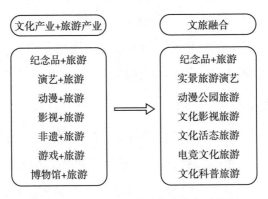

图 5-1 文化产业和旅游产业融合示意图

（四）发展数字文旅产业

数字技术的应用与发展开启了数字文化旅游产业发展的新时代。文化和旅游资源数字化的进程，使得优秀传统文化内涵与新的数字技术相结合，推动了文化元素的整合，促进了乡村旅游的发展。贺州市应该培养各大文旅企业运用数字技术的能力，运用大数据、短视频、直播、VR等手段，创建文旅消费新热点，发掘乡村旅游独特的文化，促进乡村旅游形成自己的独特风格。这样既丰富了游客的体验，又增强了游客的参与度。发挥互联网平台的作用，鼓励各类互联网平台发展文旅功能和产品，丰富数字文旅产品的供应，推广线上文旅产品。充分发挥先进技术的作用，搭建乡村旅游文化平台，运用先进的技术手段加强文化产业和旅游产业融合的深度，促进乡村旅游的优质发展。

五、加快农村专门人才体系建设

产业兴旺、人才建设的关键就是以人才为本。完善人才引进政策和加强校企合作是推动农村人才队伍建设的重要动力，也是人才建设的关键。

（一）完善人才引进政策

随着市场的变化发展，文化旅游产业在广大文化旅游型乡村的规模逐渐扩大，对文旅融合型复合人才的需求日益增长。基于此，需要加强对外来优秀人才的引进、使用和管理，要争取实现文化旅游产业引得进、留得住、用得活的人才市场局面，完善人才政策。

一方面，提高优秀人才的引进标准，完善乡村的教育资源基础配套设施。"城归"人才大多怀有深厚的"乡愁"情结，乡村的传统村落、传统节日与习俗以及传统美食都是寄托"乡愁"的文化符号，会发挥一定引领作用，但是由于广大的乡村地区经济发展水平较差，基础设施配套不健全，工资水平不高等问题导致人才流出远大于人才回流。因此要不断提高人才引进的标准，完善基础配套设施，如基础教育设施、医疗设施等，不断加强人才多方面补助，提高人才回流率。

另一方面，优化创业就业政策。人才是如今文化旅游产业发展的"助推器"，也是其可持续发展的核心动力。乡村文化旅游产业融合发展的核心动力也是人才，乡村文化旅游产业融合发展更需要本土化人才的成长，长期积极地参与到文化旅游产业发展过程中。可以吸收那些对乡村和农业有激情，并愿意为乡村发展作出自己的贡献的有志之士，加入乡村旅游发展的人才队伍中，进行文化、旅游等专业培训。在实施部分文旅项目时，充分发挥当地村民自身的优势和便利条件，增强农民的文化认同意识，从而促进项目的实施和工作的顺利进行。

（二）加强校企合作

加强人才建设，培养本土人才会使文旅产业内生动力增强，促进产业兴旺。其重要方式就是通过与高校合作，联合培养出懂农业、有文化、爱旅游的专业人才，鼓励优秀学生到农村地区实习，将这些优秀的人才留在农村，为农村文旅产业融合发展尽自己的一份力。

一方面，加强本土化人才的培养。不断完善旅游部门、高校和培训机构"三位一体"的联合机制，根据市场需求培育文旅产业融合发展所需的复合型人才，为应届毕业生提供更多的就业岗位，充实当地的文旅产业发展的后备力量。加强高校人才与当地村民的交流，培训当地村民的文化与技能，提升村民文化素质水平和创新能力，形成高校人才和乡村双向促进的合理机制。在定期开展有关专业培训的同时，要开展专业考核，督促基层工作人员自主学习相关内容。定期邀请乡村文化旅游领域的专家、学者举办相关的学术讲座，并将优秀的人才介绍给当地村民，让他们开阔视野，并尝试结合本地实际，进行乡村文化旅游发展研究。

另一方面，整合多方资源打造人才建设平台。可以与多个高校签订战略合作协议，围绕文旅产业融合开发、文化旅游型村落发展规划、文物保护、历史遗迹保护和开发、乡村旅游产业发展等多个方面进行合作，让知识型、技术型人才出谋划策，为广大文化旅游型村落文旅融合发展赋能。设立大学生实习实训基地，实现产学研一体化发展，利用高校学生的综合素质和创新能力推动文旅产业融合发展；增加人才吸引力，强化人才培养平台，让人才建设为经济产业化发展服务。设立高校科技成果转化基地，合理利用高校的理论产出，将其转化为实践成果，让科技文化最新研究成果与文旅产业相融合，使传统文化丰富的旅游村落产生更多新业态。

（三）加强村民的参与性

随着乡村旅游景区数量不断增多，对相关工作人员的需求量和服务能力要求持续升高。由于乡村位置的偏远性，当地村民成为乡村旅游建设的主体，因此要加强当地村民的有效参与，促进对当地传统文化的保护、挖掘和传承。贺州市在推进乡村振兴过程中，要吸引本土人才回归，提高当地村民的参与度；充分挖掘当地的民间艺人，鼓励非遗传承人传播传统文化；留住当地的旅游人才，让当地村民更好的投入乡村旅游建设当中，促进乡村旅游持续健康的发展。

（四）构建人才引进机制

我国高校培养了大量旅游专业学生，但是毕业后依然选择旅游行业的学生并不多。贺州市政府应制定完善的乡村旅游人才引进机制，联合企业提供政策和资金的支持，提高科技型、创意型、管理型等人才融合引进力度，吸引高学历的旅游人才到乡村就业。提高乡村文化和乡村旅游人才的质量和水平，协调专业人才队伍结构，补齐人才短板，有效引进既了解文化事业又懂得乡村旅游行业规则的复合型人才。鼓励优秀人才自主创业，增加市场供应，打造既具有融合思维，又具有创新思维的人才队伍，为乡村旅游的高质量发展提供强有力的人才支撑。

（五）完善人才培训机制

在人才培养过程中，贺州市政府、高校、企业和旅游行业组织发挥各自优势，针对乡村文化旅游的融合发展需求，创新层次化培养途径，制定相应的人才培养方案与计划，从而解决乡村旅游人才结构比例不协调的问题。制定干部理论培训计划，办好"旅游干部大讲堂"。实施乡村旅游千人培训计划，定期组织专家为区县旅游工作人员、涉旅企业负责人授课，通过举办乡村旅游理论培训班、组织赴外省考察等培训活动，不断提升乡村旅游带头人的理论水平和管理经验；联合贺州各高校，通过校企联合培养方式，培养优秀的复合型人才，不断扩大贺州市文旅事业人才总量。通过各种知识培训来提高乡村旅游管理人员对地方特色文化、文旅融合知识的认知程度，拓宽眼界，更新观念，提升服务能力，最终培养一批懂规划、懂经营、懂管理、懂文化、懂旅游的复合型人才，满足乡村文化旅游高质量发展的人才需求。

综上所述，在乡村文旅产业融合发展建设中要确立以人为本的建设理念，加强顶层规划设计、促进乡村资源全域化整合、提升乡村文旅产业融合质量和效益、推动乡村文旅产业发展、加快农村专门人才建设，最终促进产业兴旺，达到共同富裕的伟大目标。

第六章　国内外文旅融合案例分析

自 20 世纪 80 年代以来，我国乡村旅游蓬勃发展。乡村旅游作为我国旅游产业的业态之一，是推动我国旅游产业繁荣发展的重要动力。各地区在发展乡村旅游的进程中，总会遇到很多问题，所以有必要分析国内外优秀案例，学习成熟的经验和做法。

第一节　国外乡村旅游实践

随着城市居民对美丽田园景色和美好乡村生活的向往，乡村旅游行业逐步成型。在大多数发达国家城市化发展推进过程中，乡村旅游成为调整农业产业结构、提高农户收入水平以及解决农业与农村发展问题的主要途径。

一、日本合掌村传统文化与乡村旅游融合发展

在日本，有一个非常著名的县——岐阜县，一直被世界誉为"森林与溪流之国"。在岐阜县中，有一个村庄更为出名，那就是白川乡的合掌村。合掌村木材资源、水资源极其丰富。由于合掌村冬季气候寒冷且经常下雪，为了能够适应当地气候，正常生活，合掌村的先民们根据当地的气候条件，建造出具有当地特色的房屋。例如，为防止冬季房顶积雪，

而将房顶做成 60 度的斜面，并将茅草覆盖在房顶之上。由于房顶上的茅草需要不断更换，在更换新的茅草时，只有家庭中的几个人是完成不了的，此时合掌村全村的村民会互帮互助，因此合掌建筑也被称为"结"的力量。在 20 世纪 50 年代，德国建筑学者评价合掌屋是最合理的建筑。

为了使合掌屋的建筑结构与其周围的自然环境融为一体，并达到和谐共生的环境效果，结合合掌村的传统建筑风格和自然景观，村民将大量的花草种在合掌屋的前后。此外，合掌村附近还配套了相应的商业街，每家店铺的装修风格和店面装饰都会结合当地的自然资源，形成自身特点，充分体现出合掌村的生态之美。

近年来合掌村打破传统，将当地优秀的传统文化与新型旅游文化项目相结合，将当地传统节日浊酒节彻底发展成为全民共同参与的节日，同时吸引了大批来自世界各地的游客前来参观体验。合掌村将保护当地原生态资源作为开发的基础，同时保留大量当地优秀的地域特色文化，合理利用现有资源，对其进行合理规划与整合，形成了具有乡村特色的旅游景点。例如，利用颜色丰富的植物来装饰房屋，使房屋的颜色更加鲜艳动人；将废弃的排水沟改造成为养花、养鱼的景观池，在改善环境的同时为乡村增加了更多景观；将无人居住的个人合掌屋改造为小型博物馆等。

二、法国吉维尼文化体验与乡村旅游融合发展

吉维尼位于法国巴黎市的郊区。1883 年，法国著名画家莫奈被小镇上的氛围所吸引，并定居于此，自此，印象派特点便成为当地的特色。大师莫奈对这里进行的大刀阔斧的改造，以及后人对小镇及莫奈故居的保护运营，使吉维尼由法国一个不起眼的小村庄摇身一变成为法国最具诗情画意的小镇，成为最具代表性的乡村旅游目的地之一。

随着一个多世纪的流逝，莫奈故居已完全看不出当时的辉煌。吉维尼人复原莫奈当时的生活原貌，同时，复制了六十余件莫奈的作品，用

来装饰隔墙，仿佛大师依旧生活在此。为了将吉维尼打造为旅游胜地，当地政府与人民共同努力，为游客提供了大量旅游条件。例如，为了吸引更多游客，吉维尼与当地铁路部门合作，在巴黎与吉维尼两地之间开通多列具有印象派特色的专线列车。又如，为了大幅度延长游客的游览时间，在旅游景区的餐厅推出特色套餐，将食物与当地特色相结合，让游客体验到莫奈的真正生活。

吉维尼充分利用了莫奈的名人效应，借助空间营造和场景还原等方式，全面打造沉浸式旅游产品，刺激消费者产生共鸣，吸引了世界上许多画家来此定居，研习画作，寻找创作灵感。由于大量从事各类艺术事业的从业者从世界各地聚集于此，吉维尼逐渐形成大量的新兴艺术产业，使当地的乡村产业得到了蓬勃发展。

借鉴以上这些地区发展乡村旅游的经验，我国应完善旅游发展支撑体系，加强对文化资源的传承与保护，注重乡村的本土特色，增强文化体验感，促进文化产业与旅游产业的整合，为不同地区乡村旅游营造一个良好的外部环境。

第二节　影视产业与旅游产业融合发展概述

影视产业不仅是文化产业的重要组成部分，也是影响大众生活的重要产业，同时与旅游产业存在高度关联。影视产业与旅游产业融合发展是文旅产业融合的典型代表。本节在分析影视产业和旅游产业融合理论的基础上，分析我国影视产业和旅游产业的融合发展的过程与特征。

一、影视旅游的概念

电影、电视、文学作品、杂志、唱片、录像等能够增强游客的感知程度，对游客有一定的吸引力（Urry，1994）。影视拍摄场景、影片故事发生地均可成为旅游地重要的旅游吸引物。Riley（1998）提出了影视旅游的概念，即"影视作品中的自然风景、故事情节、演员等均能给观众留下深刻印象和心灵的震撼，可以引导观众到访影视作品拍摄地，这种旅游可称为影视旅游（Movie Induced Tourism）"。我国学者近年来也提出了影视旅游的概念，主要有两种界定方法：

（一）从需求角度界定

周晶认为，受电影拍摄地的自然风光、历史遗迹或影视作品原著的影响到电影的外景地的旅游可称为电影旅游（1999）；吴丽云、侯晓丽（2006）认为，影视旅游是指人们由于受影视剧的影响而对影视拍摄地产生兴趣，进而到该地旅游的现象；吴普、葛全胜认为，影视旅游是指受到与影视拍摄、制作的全过程及相关事物的影响，到影视作品的外景拍摄地、影视制作室、与影视作品相关的主题公园（影视城），甚至那些被错误地识别为影视作品制作、发生地游览、体验的旅游活动（2007）。这些界定强调的是游客出游的动机和决策影响因素。

（二）从供求角度界定

王玉玲、冯学钢、王晓（2006）则完全从供求角度对影视旅游进行了界定："从供求的角度来看，影视旅游是指旅游经营者开发并利用电影电视的制作地点、环境、过程、节日活动，以及影视作品中反映出来的能够促进旅游的文化内容，经过策划宣传，推向旅游市场，以取得旅游需求满足和经营利益相一致的一种新的旅游产品类型。从游客角度来说，影视旅游是游客花费一定的时间、金钱和精力，通过对影视拍摄的场地、环境、过程以及由影视引申出来的旅游资源的游览、体验，来满足自己求新、求知、求奇等心理需求的旅游经历。"

影视旅游不仅是种特殊的旅游活动和产品，而且对游客来讲，也能通过到外景地游览实现个性化的心理需求。影视旅游是旅游个性化、产品深度化和体验化的有机融合，其出现也是影视产业和旅游产业互动发展的结果。目前影视旅游已经成为一种重要的主题旅游产品，在影视主题公园和一般的影视外景地快速发展起来。

二、影视产业与旅游产业的关系

影视产业与旅游产业的融合发展遵循文旅融合的基本规律，同时具有自身的独特性。

（一）影视产业与旅游产业的相关性

影视产业是文化产业中最具有影响力和活力的产业之一，也是发展最为迅速、与人们日常生活关系最为密切的一个文化领域。影视作品和旅游活动关系密切，影视产业和旅游产业之间存在多重相关性。影视作品的制作、宣传、播放过程对旅游产业均有一定的正向影响。总体上看，影视产业在三个方面与旅游产业具有密切相关性：影视作品拍摄能够促进事件旅游、主题旅游等特殊旅游产品的诞生；影视道具的制作、影视场景的搭建能够形成新的旅游景区或景点；具有特定背景的景区也能够成为影视作品的外景拍摄地，影片拍摄过程中的宣传、影视作品的播放能够促进外景地旅游形象的塑造和完善。

（二）影视拍摄作为标志性事件促进外景地旅游产业的发展

标志性事件是指一次性的或循环的、持续时间有限的事件，主要目的是在短期或长期加强大众对目的地的认同，增加大众对目的地的兴趣，提高目的地的经济收益，其成功依靠的是其独特性所产生的关注度（Gaze，1997）。目前，学术界对于标志性事件是否包括一次性事件还存在一定的争议。其中，Gaze 认为标志性事件是重复性举办的、能与举办地融为一体的、能使目的地具备市场竞争优势的事件。国外学者早已开始关注标志性事件的影响、规划与管理，Richie 从经济、旅游、商业、自然、社会文化、心理和政治等方面探讨标志性事件的影响（Geoffery，

1989）。标志性事件在国内也是重要的研究领域，事件影响、事件管理、事件地理甚至形成了相对成熟的研究体系（戴光全、张洁，2015；戴光全、梁春鼎，2012）。

影视作品拍摄对于外景地来说具有标志性事件的性质和功能。虽然影视拍摄最初的目的不是吸引游客外景地，但事实上起到了加强游客对外景地的认识、扩大旅游需求和提高外景地收益的作用。影视拍摄不仅能够使外景地游客数量增加（Tooke，1996；Riley，1998；潘丽丽，2005），形象感知程度增强（Schofield，1996；Kim，2003；潘丽丽，2005；刘歆、廖静，2019），而且能够对外景地旅游接待业、社区的发展产生重要的促进作用（潘丽丽，2005）。

大量事实证明，影视拍摄促进了外景地旅游产业的快速发展。例如，《与狼共舞》（Dances with Wolves）等影片的上映导致外景地游客数量迅速增加（Riley，1998）;《哈利·波特》（Harry Potter）上映后，出现了影迷包机到拍摄地旅游的现象;《末代皇帝》的播出掀起了北京故宫旅游热;《红河谷》掀起了西藏旅游热;《地道战》《小兵张嘎》掀起了地道游和白洋淀游热潮（周晶，1999）。浙江省横店、新昌等地由于影视拍摄和影视剧播放，旅游接待设施、目的地形象和社区均得到了快速发展（潘丽丽，2005）。由于信息化的快速发展，热播综艺、热播电影等影视作品的拍摄地成为热门旅游地。例如，2019 年，电影《少年的你》上映后，重庆市南岸区海棠溪原本一栋 20 世纪 90 年代末的陈旧居民楼，作为主人公的家的拍摄地，成了游客的打卡地。

三、影视产业和旅游产业融合的类型

随着人们对影视旅游产品的认可程度的逐渐升高，两种类型的影视旅游地随之出现和发展起来：一类是影视主题公园，即以影视拍摄场景、剧情为主题建设的主题公园，属人工建造的景观，如横店影视城、无锡

影视城等；另一类是既有的自然或人文景观作为影视剧的拍摄外景地而形成的影视旅游景区，如浙江桃花岛、雁荡山，山西乔家大院等。

（一）影视主题公园

迪士尼乐园的出现标志着主题公园的诞生。第一家迪士尼乐园是由美国人沃尔特·迪士尼于 1955 年在美国洛杉矶创办的。主题公园是一种有特定的主题，由实体环境的塑造、运营、管理构成的舞台化的休闲娱乐活动空间，属于休闲娱乐产业。

主题公园具有下列特征：主题公园是一种产业，其投资建设是一种企业行为；主题公园是一种休闲娱乐空间；主题公园必须有特定且易于被了解的主题，园中所有内容，包括实体环境的塑造、营运管理等都是在该主题之下构成的；主题公园是一种非日常化的、戏剧性的舞台空间，让游客产生暂时摆脱现实时空的心理效果（保继刚，1999）。

影视主题公园是主题公园的一种，在国内外主题公园发展史上占有重要地位。主题公园的鼻祖——迪士尼乐园即是以动画片的主人公为主题建设的。在中国，影视主题公园的发展和影视旅游的发展基本同步。1987 年，中国最早规划建设的影视拍摄基地——中央电视台无锡影视基地于无锡太湖之滨落成，这标志着中国影视旅游的正式兴起。中央电视台无锡影视基地建成后，随着《唐明皇》《武则天》《三国演义》《水浒传》等电视剧的热播，无锡旅游业得到了快速发展。随后国内兴起了投资建设影视城的热潮，先后有 30 多家影视城投资兴建落成，如广东南海影视城、山东威海影视城、河北涿州影视城等（刘滨宜，2004）。东阳横店影视城、宁夏镇北堡西部影城等也快速发展起来。

影视城在旅游产品、旅游形象方面具有鲜明的特征。旅游产品突出的是影视作品的拍摄场景、道具等静态景观，以及以热门影视为主题的场景表演。旅游形象则往往利用影视作品的拍摄作为渲染手段。

（二）作为影视拍摄外景地的影视旅游景区

非主题公园类型的影视旅游景区具备影视外景地和旅游景区的双重属性：一方面，其因自身具备的自然或人文旅游资源成为影视拍摄外景地；另一方面，影视拍摄为其增加了影视旅游产品，并加深了公众的感知程度，使其成为影视旅游景区。这种景区在旅游产品供给方面往往具有多样性，影视旅游仅是整个旅游地产品体系的一部分，除了影视旅游之外，景区还提供以优势的本地旅游资源为核心的多样化旅游产品。但是，影视要素在这种非主题公园式旅游景区的发展过程中还是发挥了重要的作用。影视作品的拍摄和上映对于这类景区的发展起到了标志性事件的作用和持续宣传的效果。

四、影视产业和旅游地形象之间的相关性

游客进行旅游决策时把收集到的信息录入脑中，形成对环境的整体印象，这就是感知环境。感知环境直接影响游客对目的地的认知与选择。影视作品的拍摄和播放过程直接或间接地把拍摄外景地或故事相关地点的信息传播给受众，增加了受众的感知机会，同时也塑造了旅游目的地的感知旅游形象。而且，随着影视产业的发展，这种影响将日益加深。已有学术研究成果也证明影视作品和影视拍摄对旅游地形象具有重要的影响（Schofield，1996；Kim，2000；潘丽丽，2005）。参观影视拍摄外景地能使游客置身于"电影世界"。由于影视作品，旅游地有了一种不可忽视的吸引力（Couldry，1998）。影视作品在拍摄期间的宣传、影视作品的上映都在建构外景地旅游感知形象，进而使游客产生出游需求，推动其做出出游决策。

五、影视产业与旅游产业融合发展存在的矛盾

影视产业与旅游产业之间相互关联，这种关联为影视产业和旅游产

业的良性互动发展提供了基础，但同时也会产生一定的矛盾。

（一）影片拍摄的隐秘性和旅游活动的参与性

旅游产品不同于一般商品的关键特征在于生产和消费的同时性。游客从客源地出发到达目的地，再返回客源地的过程即旅游产品生产和消费的过程。旅游产品不能经过贮存再进行销售。在旅游产品的结构中，旅游吸引要素占据重要地位，游客选择旅游目的地时往往受到核心旅游吸引要素的影响。这一特点决定了旅游目的地的核心吸引要素对于游客来说必须是可及的，即能直接观赏、直接享受或感受的。例如，黄山景区的云、石、松等景观均能给游客近距离接触的机会，美食等更能让游客直接品尝。但是影视作品在酝酿或拍摄过程中相对来讲具有定的隐秘性。在整部作品未成型之前，制片人、导演出于严谨、商业目的及形成悬念效应会对媒体或公众进行信息封锁。而游客对在外景地的影片拍摄过程充满好奇，对知名导演、明星也具有观赏和近距离接触的愿望。这就造成了影视产业和旅游产业之间的矛盾，游客期望近距离接触，而影视拍摄过程需要相对保密。如何处理两者之间的矛盾成为外景地必须面对的问题。

（二）影视作品影响的时段性与旅游业发展的持续性

影视拍摄、影视作品的播放对于旅游目的地来讲具有标志性事件的作用，可以激发游客的出游动机，增强当地的旅游形象。但是事件的影响具有明显的时段性特征，这种时段性特征已经得到了验证。"告别三峡游"的短期成功和后续游客人数的减少即是很好的证明（保继刚，2002）。影视拍摄在外景地持续的时间短则几日，长则几月，影视剧播放的时段性也非常明显。一般一部影片对外景地的影响维持在 4~5 年（Riley，1998）。外景地旅游业的发展不同于影视作品的拍摄，需要持续的旅游吸引力和长期的旅游经济效益。如何利用时段性的影视要素发展持续性旅游成为外景地旅游业发展的关键。

（三）影视场景的重复（或暂时）利用与旅游形象的相对稳定性

影视作品的拍摄在场景方面一般有两种方法，一是为某部作品搭建新的场景，作品拍摄完成之后或废弃或拆除。例如，《无极》剧组于香格里拉搭建的场景，拍摄之后即废弃；又如，《满城尽带黄金里》于横店秦王宫搭建的菊花台，拍摄之后便被拆除。二是在既有的场景之上略做改动，使之成为新的拍摄场景，如影视基地的宫殿、庙宇场景多可重复利用，横店影视城的明清宫苑、秦王宫等景区均是多部剧作的拍摄场景。旅游地的形象是游客对旅游目的地总体或某方面的感知印象，在一定时间内具有相对稳定性。例如，杭州的西湖、苏州的园林、北京的故宫都是游客感知印象的一部分。旅游地形象也与标志性景区有一定的关联性，如苏杭的"天堂"形象历经多年还是牢牢树立在游客的环境感知之中。影视外景地旅游形象的树立就有一定的局限性，影视作品的拍摄相对较快且相对隐蔽，影视作品上片率也相对集中在一定的时段，为建立稳定的旅游形象增加了一定的难度。

（四）影视产品与旅游产品消费的相对独立性

从产品的特性来看，影视产业与旅游产业有着本质的不同。影视产品的生产和消费是两个独立的过程，生产先于消费，和普通商品一样，产品经过生产，流通到市场，消费者进行消费。而旅游产品不能储存，其生产和消费同时发生，具有同时性，只有游客离开居住地到达旅游目的地，旅游产品的生产和消费才能真正发生。这种本质差异使得影视产品和旅游产品的消费相对独立，需要很好的产业融合措施。

六、影视产业与旅游产业实现良性融合发展的关键措施

影视产业与旅游产业存在相关性，但同时两者之间又有相对独立性，

两者的发展也存在一定的矛盾。要实现两者的融合发展，关键的措施是充分利用两者的内在相关性，解决两者之间的矛盾，形成两者之间的良性互动，构造影视产业和旅游产业的融合发展模式。

（一）发展主题旅游产品

充分利用影视作品拍摄、影视作品播放的标志性事件作用，外景地应大力推出相关的主题旅游产品。影视拍摄的外景地应该充分利用一些知名影视作品的拍摄机会，适时推出主题旅游产品。其中可以包括以静态场景为基础的主题旅游，如以曾经拍摄的影视作品为主题元素，为游客提供回顾影视作品场景的机会；还可以动态场景为基础发展影视主题旅游产品，如影视拍摄过程中的观赏、影视拍摄过后的场景模拟或再现。影视主题旅游产品开发过程中要同时注意两个问题：一是稳定性，即在某一时段利用某部公众感知和关注程度较高的影视作品发展主题旅游产品，不能过于频繁地更换主题；二是时效性，影视作品的影响具有一定的时段性，在充分了解公众感知热点的基础上，要适时更新影视主题旅游产品的内涵和范畴。

（二）适时营销，增强影视产业和旅游产业的关联性

标志性事件对事件举办地的影响较大，能够增加大众对外景地的感知印象，是游客做出出游决策的主要推动因素之一。但是标志性事件的影响具有明显的时效性，外景地必须及时利用影视拍摄这一标志性事件进行目的地营销，以增强游客对外景地的印象感知，树立旅游目的地形象。

（三）建立利益协调机制，避免冲突

针对影视拍摄的相对隐秘性和旅游活动的参与性之间的矛盾，可以建立协调机制，避免影视制作和旅游产业发展之间的冲突。这种协调机制可以建立在利益共享的基础之上，影视产业制作过程适当地向游客开

放，满足游客对影视制作的好奇心，但是旅游产业的发展不能影响影视作品的拍摄和制作。可以建立相关组织机构，专门负责协调外景地影视制作和旅游活动之间的矛盾。由这些机构与剧组协商，将隐秘性要求相对较低的拍摄环节或场景向游客开放，增加游客与明星之间的互动。

（四）发展多样化旅游产品体系

影视拍摄、影视作品的播放对游客出游的推动具有时效性。影视产业与旅游产业的融合发展需要以影视拍摄和影视作品播放为契机，还需要在开发影视主题旅游产品的同时发展多样化的旅游产品体系。其主要原因在于影视作品的影响虽然是游客主要的出游动机，但游客同时还具有其他动机，主要动机的满足不代表完全满足了游客的旅游期望，因此应依托影视产业与旅游产业的特性发展更多产品，如主题餐饮、度假、娱乐产品、购物等。

（五）适时转型，实现由产业融合转向地域融合

单纯的影视产业与旅游产业的融合产品较为单一，主要吸引要素为影视拍摄，其效应的时效性明显。因此应在借助影视拍摄发展影视旅游产品的同时注重向地域融合发展，将影视主题发展为地域主题，将游客感知形象中的影视作品转换为地域形象，形成具有影视主题特征的旅游目的地。

第三节　影视产业与旅游产业融合发展实践研究

影视产业是典型的文化产业，与旅游产业关联密切。影视拍摄带动了外景地旅游产业的发展，促进了影视外景地旅游形象的形成，依托影视产业可以开发影视主题旅游产品。同时，影视产业的拍摄和旅游活动的开展也存在一定的矛盾，影视产业和旅游产业融合过程中需要在开发主题产品的同时做好利益协调的工作，也需要适时利用影视拍摄及影视

作品实现外景地向综合型旅游地的转变。

一、浙江省影视产业与旅游产业融合发展实践

（一）浙江省影视城型拍摄基地

浙江省在文旅产业融合发展方面在全国处于领先地位。影视产业与旅游产业融合率先以影视城的形式发展起来，随后由产业融合向地域融合转变。浙江省共有 6 座在全国具有极强示范效应的影视城，分别为横店影视城、象山影视城、湖州影视城、西溪影视基地、南北湖梦都影视基地、方岩影视城。

1. 横店影视城

由十几个分布在浙江省东阳市横店镇内外的大小景区组成的影视拍摄基地称为横店影视城，主要景点有明清民居博览城、秦王宫、清明上河图、梦幻谷、大智禅寺、明清宫苑、广州街·香港街、屏岩洞府华夏文化园、圆明新园等。横店影视城是中国最大的影视拍摄基地，被誉为"中国好莱坞"。在此拍摄的知名影视作品有《鸦片战争》《荆轲刺秦王》《无极》《寻秦记》《英雄》《步步惊心》《鹿鼎记》《仙剑奇侠传》《甄嬛传》《伪装者》《我和我的祖国》等。

2. 象山影视城

象山影视城位于浙江省宁波市象山县新桥镇，是中国十大影视基地之一，是由江湖小镇、玄幻世界、星梦工场、武侠天地、民国城区五大功能区组成的影视城。象山影视城呈现了秦汉、唐宋、明清、民国时期的建筑风貌，在此拍摄的知名影视作品有《神雕侠侣》《赵氏孤儿》《西游记》《琅琊榜》等影视作品。

3. 湖州影视城

湖州影视城位于浙江省湖州市吴兴区太湖路，是以影视拍摄服务为

主，兼具观光旅游、文化娱乐、休闲度假等功能的旅游景区。影视城始建于 2015 年，整体涵盖了各朝代的标志性建筑，目前已建造完成民国城、蜜月长廊、楼外楼、和平饭店、梦上海、十里秦淮等影视拍摄基地。其中，民国城的主要景点有上海滩、教堂广场、小北街、四马路、石库门、转角楼等。在湖州影视城拍摄的知名影视作品有《楼外楼》《那年花开月正圆》《远大前程》《建军大业》等。

4. 西溪影视基地

该影视基地位于浙江省永康市西溪镇，是以影视拍摄服务为主，兼具观光旅游、文化娱乐、休闲度假等功能的大型综合性旅游区。基地核心区块位于西溪镇寺口村，辐射圈包括与寺口村相邻的桐塘村、西山村、下里村、上坛村、上塘头村等。主要景点有樟树林、水木居、秦汉军营、大通客栈、铁血战壕、黑鹰山寨、民国街、蝴蝶谷等。永康西溪影视基地又被称为"永康西藏"，森林覆盖率达 85%，基地内有百亩古樟树林、百亩新梯田，以及山坡、峡谷、溪流等原生态资源，适合剧组外景拍摄。在永康西溪影视基地取景的有电视剧有《猎刃》《武神赵子龙》《老九门》《秦时明月》《无双黄飞鸿》《楚乔传》等。

5. 南北湖梦都影视基地

该影视基地位于浙江省嘉兴市海盐县澉浦镇，是由四方城拍摄景区和烟波峡拍摄景区两个部分组成的民国时代拍摄基地。其中，四方城拍摄景区是一条颇具民国风情的街区，景区内建有兰馨大饭店、茗雅轩茶楼、永生珠宝行、上海华安保险公司等各式各样的民国时期的标志性建筑。烟波峡拍摄景区同样颇具民国风情，景区依山而建，由多个小场景组成，包括清风寨、北方民居、情报处大楼等，以配合不同场景的拍摄。在南北湖梦都影视基地拍摄的作品有《新雪豹》《光影》《狐影》《士兵突击之勇者奇兵》《黎明决战》《伪装者》《探王》等。

6. 方岩影视城

方岩影视城又名石鼓寮影视城，位于浙江省金华市永康市方岩镇橙麓村，始建于 2002 年，是以影视拍摄服务为主，兼具观光旅游、文化娱乐、休闲度假等功能的综合性旅游区。方岩影视城是一个山清水秀、石怪峰奇，颇具田园风光的景区。景区内洞、溪、石俱全，山石峥嵘，是一座天然石雕博物馆，主要由小镜湖、水榭、影视街区等多处影视拍摄景观组成，共 72 个单体仿古建筑。在此拍摄的影视作品有《天龙八部》《汉武大帝》《大汉天子》《醉拳》《功夫之王》等。

（二）浙江省非影视城型拍摄外景地

浙江省除了有 6 座知名影视城型拍摄基地以外，还有以旅游景区为基础的非影视城型拍摄外景地，如西溪湿地、新昌、神仙居、仙都等。

1. 西溪湿地

西溪湿地位于浙江省杭州市西湖区天目山路，距西湖不到 5 公里。生态资源丰富、自然景观质朴、文化积淀深厚，曾与西湖、西泠并称"杭州三西"，被称为"杭州之肾"，是集城市湿地、农耕湿地、文化湿地于一体的国家湿地公园。西溪湿地为中国第一个国家湿地公园试点工程，有烟水渔庄、秋雪庵、西溪水阁、梅竹山庄、深潭口、西溪梅墅、西溪草堂、泊馨等景点。这里成为影视拍摄基地源于影片《非诚勿扰》的拍摄，之后多部影片都曾在此取景拍摄。

2. 新昌

新昌是隶属浙江省绍兴市的一个县，位于绍兴市东南部。这里山水掩映，树林中回荡着佛音；这里风光无数，骚人著有数篇诗文。独特的地理环境造就了新昌独一无二的秀丽山水，如穿岩十九峰、千丈幽谷、十里潜溪、七盘仙谷、天烛湖等。这里还有众多名胜古迹，如新昌大佛寺、重阳宫等。众多影视作品尤其是古装影视作品，如《西游记》《笑傲江湖》《射雕英雄传》《宝莲灯》《白蛇传》《神雕侠侣》《知否知否应是绿肥红瘦》等都曾在此拍摄。

3. 神仙居

神仙居位于浙江省台州市仙居县白塔镇，以西罨幽谷为中心，形成了峰、崖、溪、瀑景观，典型的流纹岩地貌，景观丰富而集中，奇峰环列，山崖陡峻。神仙居有迎客山神、将军岩、睡美人、象鼻瀑、十一泄飞瀑等80余个景点。独特的自然美景吸引了众多影视剧组来此取景。例如，《天龙八部》剧组就曾在此进行了为期1个多月的拍摄。此外，电视剧《神话》《新笑傲江湖》《兰陵王》等，电影《轩辕剑》《功夫之王》等，均曾在神仙居取景。

4. 仙都

仙都位于浙江省丽水市缙云县仙都街道鼎湖村，以峰岩奇绝、山水神秀为景观特色，融田园风光与人文史迹于一体，是一处集观光、避暑、休闲和研学于一体的国家级重点风景名胜区。仙都山水飘逸，云雾缭绕，有"九曲练溪，十里画廊"之称，有仙都、黄龙、岩门、大洋山四大景区，鼎湖峰、倪翁洞、小赤壁、芙蓉峡等300多个景点。仙都景区一直受古装剧导演的青睐，被赞誉为"天然摄影棚"。2013年版《笑傲江湖》就在仙都黄帝祠宇开机，并拍摄近两年。此外，这里也曾是《阿诗玛》《杨门女将之女儿当自强》《绝代双骄》《天龙八部》《汉武大帝》《古剑奇谭》等数十部影视剧的拍摄基地。

上述十大影视拍摄基地类型明显。一种为已有景区附带外景地功能，影视产业对其的影响主要表现为影视拍摄对旅游的促进作用，影视产业与旅游产业的融合发展相对单一；另一种是影视城型外景地，影视是其产生和发展的重要因素。除此之外，又有单一旅游景区和复合旅游景区构成的拍摄基地之分，体现影视产业和旅游产业融合发展的是由众多景点构成的影视城型拍摄基地，其中以横店影视城最为典型，接下来，本节将重点针对横店影视城进行分析。

二、横店影视和旅游融合的起步与发展

横店影视城位于有"江南第一镇"之称的浙江省东阳市横店镇，由横店影视城有限公司负责经营管理。横店影视城有限公司是中国特大型民营企业横店集团的子公司。横店影视城是典型的主题公园型产业融合发展案例，由影视产业和旅游产业的有机融合逐步实现文旅主题地域发展。

横店影视城拥有广州街·香港街、秦王宫、清明上河图、明清宫苑、梦幻谷、梦泉谷等 10 多个影视拍摄基地（景点），有龙景雷迪森庄园、贵宾楼、丰景嘉丽大酒店、国贸大厦、旅游大厦、影星酒店等 50 余家酒店，以及影视管理服务公司、汽车运输公司等 10 多个服务于影视与旅游的子公司，直接从事影视和旅游服务的员工有 5500 多人。横店影视城以影视拍摄基地为依托，以影视文化为内涵，以旅游观光为业态，以休闲娱乐为目的，将影视旅游作为一个新兴的产业加以开发，现已成为全球规模最大的影视拍摄基地，被称为"中国好莱坞"。横店影视城地处浙中黄金旅游线上，经过 20 多年的发展，实现了影视产业和旅游产业的良性融合，正在向文旅地域融合转变。

（一）横店影视产业与旅游产业融合的起步与发展

1. 起点：广州街拍摄基地

20 世纪 90 年代中期，以高科技工业发展而著称的全国特大型乡镇企业横店集团提出了"开发文化力，促进生产力"的思路，着手改善职员工作和生活环境，投资兴建度假村、文化村、体育馆、影剧院、博物馆、纪念馆，这些设施在改善环境、吸引人才的同时，也吸引了不少游

客（孙是炎，2001）。但当时旅游产业发展相对缓慢，因此，横店并没有发展成为具有吸引力的旅游地，直到1996年才出现了转机。1996年8月，横店集团投资兴建了占地20多万平方米的"19世纪南粤广州街"作为影片《鸦片战争》的拍摄基地，通过实景建筑来展现19世纪40年代前后的羊城面貌。拍摄期间，大批游客蜂拥而至。同时，围绕影片拍摄的群众演员组织、住宿、餐饮等行业迅速发展（孙是炎，2001）。横店集团由此看到了影视文化对旅游、商贸和餐饮等第三产业的带动作用，于1998年9月建成占地13万多平方米的香港街。香港街整体利用荒野坡地的地形优势进行设计，分布着皇后大道、香港总督府、维多利亚兵营、汇丰银行、上海公馆和翰园等众多19世纪香港中心城区的街景。广州街·香港街建成后，《鸦片战争》《伪装者》《麻雀》等众多知名影视作品在此拍摄。广州街·香港街成为横店影视产业发展的起点，也是影视产业和旅游产业融合发展的起点。

2. 发展：影视主题公园的建设

从1996年的广州街拍摄基地开始，横店走上了影视主题公园的发展之路。1997年建造了《荆轲刺秦王》拍摄基地——秦王宫景区，1998年建成了香港街、清明上河图景区，1999年建成了江南水乡景区。从此，众多具有影响力的影视大片于横店各拍摄基地拍摄，从历史巨片《鸦片战争》开始，已有《荆轲刺秦王》《汉武大帝》《英雄》《琅琊榜》等影视作品在横店影视城完成主场景的拍摄。从发展历程来看，影视拍摄是促进横店旅游产业发展的关键因素，1996年《鸦片战争》的拍摄是横店旅游产业的爆发点，也是横店影视产业发展的起点。横店影视产业的发展已经由最初的外景地发展成为具有相当规模的影视主题公园群，被美国影视界最权威的杂志《好莱坞报道》称为"中国好莱坞"。

（二）横店影视主题公园群的继续发展

横店在建造大型影视拍摄基地主题公园的同时，也在景区发展和产品建设方面不断创新。比较典型的是横店太阳城。横店太阳城属于横店的第二期景区，包括：明清民居博览城、华夏文化园、合欢谷、九龙大峡谷，这四个景区又被称为华夏文化城；红军长征博览城、中国革命战争博览城、国防科技教育园，这三个景区又被称为红色旅游城；还有与花木山庄一起称为生态休闲城的龙山佛景。横店太阳城与横店影视城一样，既是一个股份有限公司，又是一个旅游行业管理机构，管理着十几个旅游景区、宾馆和旅游服务企业。由横店"四共委"（徐文荣卸任横店集团董事局主席、总裁后，成立了横店共创共有共富共享工作委员会，简称"四共委"）投资建设的横店太阳城所属景区，就其内涵来说，可以分为四大文化系列：政治文化、华夏文化、山水文化、科技文化。

1. 政治文化系列

政治文化系列包括红军长征博览城、中国革命战争博览城、国防科技教育园、军事训练基地、开国将帅馆等景区和长征宾馆。这里已经成为全国规模最大的民营红色旅游景区。景区建成以来，已经获得了国家、省、市级 30 多个荣誉称号，如"全国青少年爱国主义教育示范基地""全民国防教育先进单位""中国红色旅游十大景区""国家 4A 级旅游景区""浙江省爱国主义教育基地"等。"红太阳"是横店太阳城红色旅游的象征，通过开展革命传统教育，让广大人民群众特别是青少年树立革命理想，让红色文化的阳光普照大地。

2. 华夏文化系列

华夏文化系列包括华夏文化园、瑶台胜境、明清民居博览城、圆明新园等景区。横店人以大手笔、大气魄，用智慧和艺术，为游客开辟了一条时空隧道，让人们在历史长河中畅游，汲取精华，获得真知和乐趣。

在漫长的历史岁月里，我们的祖先用勤劳和智慧创造了辉煌灿烂的中华文明，为我们留下了宝贵的历史文化遗产。经过数千年的积淀，华夏文化形成了我们华夏民族的风骨和气度，培育了我们的民族品德和精神，成为维系所有中华儿女的精神纽带。华夏文化就像一轮"金太阳"照耀着上下五千年的祖国大地，也照耀着横店太阳城的旅游景区。

3. 山水文化系列

山水文化系列包括合欢谷游乐园、九龙文化博览园、花木山庄、龙山佛景和占地 3000 多万平方米的省级森林公园等景区。徐文荣提出"城在山中，水在园中，房在林中，林在草中，人在花中"的口号，在青山峡谷之中造路、造景、造水、造房，让昔日的荒山充满了灵气。横店太阳城的各个景区，人文景观与自然景观和谐结合，相得益彰。走进这些景区，只见林木葱郁，泉幽石奇，景色宜人。它们是巨大的"天然氧吧"，是江南的"香格里拉"，是广大游客亲近自然、益寿健身的山水"大观园"。横店太阳城，与青山绿水相依，生机勃勃，春意盎然，充分体现了祖国传统文化中的山水文化。

4. 科技文化系列

横店太阳城的各景区都设有以现代高科技手段为依托的游客参与性娱乐项目。明清民居博览城有 4D 动感影院，其在立体电影基础上引入座椅晃动、吹风、喷水、飞雪等特技。红军长征博览城有湘江之战场景：飞机在天空回旋、俯冲，枪炮声在山谷间回荡；浮桥上红、白两军轮番冲杀，江面上炮弹爆炸、水柱冲天，全方位再现了当年那场血战的惨烈景象。国防科技教育园有天地一体化现代战争馆，卫星、导弹、舰艇、飞机、火箭，你来我往，发射、进攻、拦截、轰炸、爆炸，天摇地动；声、光、电，三维幻象，展示了高科技战争的全过程。还有合欢谷的环幕影院、玫瑰花海，九龙文化博览园的东海龙宫，中国革命战争博览城的梦幻飞毯影院，华夏文化园的动物世界，圆明新园展馆的虚拟现实，古民居的古墓探险，等等。这些都是横店旅游的新亮点。

横店太阳城的建设使横店的影视拍摄基地和旅游景区都突破了单一性，为更多的影视剧组提供了更为广阔的题材作品拍摄基地，也为游客提供了更丰富的旅游产品。同时，横店进一步拓展影视拍摄基地的范畴，与更多的旅游景区联合，建设了更多的非主题公园式的外景基地和旅游景区，如 2002 年开发了杭州超山、警安花溪、浦江神丽峡等自然风景区。

（三）旅游产品中的影视要素

从横店旅游景区发展的历程来看，影视要素占据重要地位；从旅游产品的构成来看，影视要素对旅游产品产生的作用更强。横店各旅游景区的旅游产品静态的观光和动态的表演相结合，其中静态的观光以横店影视城为代表，广州街·香港街、秦王宫、清明上河图、明清宫苑、大智禅寺、屏岩洞府等景区均是重要的观光景点，梦幻谷景区的前身——江南水乡也是观光旅游的好去处。这些景点是重要的影视拍摄基地，大量的影视剧组在此拍摄，同时，各景区均有以影视题材为主题的场景表演，而且这种表演具有明显的时段性，往往与当时热播的、在横店拍摄的影视作品同时推出。至 2019 年，各景区的表演活动发生了明显的变化，各景区保留了一些体现主题或经典的影视作品演艺活动，一些与不再热播的影视作品相关的演艺活动已经不再保留。

（四）游客的动机与体验

横店影视城的游客从动机到体验都表现出比较明显的与影视要素相关的特性。游客到访横店影视城的动机可以从其发表于网络的游记内容清楚地了解到。

1. 横店影视城游客的出游动机

横店影视城作为中国最为著名的影视主题公园，游客出游的主要动机与影视要素存在高度的相关性。游客网络游记的内容表明到访横店影视城的游客的主要出游动机可为印证、"探星"、体验和其他四种类型。

（1）印证

来横店影视城的游客的游记中大多有"慕名而来""去看看传说中的横店""听说横店影视城是'中国好莱坞'，这次终于有机会去见证下了"等话语，表明他们出游的动机是印证心中对横店的印象。还有一部分游客到访横店，是为了印证影视剧中熟悉的场景或道具，如有的游客游记中有"这里是当初拍摄《寻秦记》的地方""终于看到菊花台了，只是不见菊花""终于把电视的画面与现实的场景衔接起来""尤其回忆起《寻秦记》片段，有一种时光交错的感觉"等话语。这种印证表现出明显的时间性，一般围绕当前的热播剧展开。

（2）"探星"

随着影视文化的传播，明星效应对游客出游起到了日益强大的推动作用。在横店影视城，这种明星效应表现得最为突出。"探星"是横店影视城游客的特殊出游动机，大部分前来游玩的游客或多或少带有这一动机。"探星"一般可分为两种：一种是邂逅明星，另一种是追随喜欢的明星来到横店。第一种"探星"是无目的的，这些游客的网络游记中大多有"邂逅心目中的偶像""如果够幸运能遇到明星那就更完美了"这样的话语。而"追寻喜爱的明星""为了能探班倾慕已久的××，我来到横店""听说××在横店拍戏，专门来看他的"等语句，都表达出游客对自己喜欢的明星的期望，这种游客往往是某个明星的忠实崇拜者，期望通过到横店旅游见到自己喜爱的明星。

（3）体验

来横店影视城获得与影视相关的体验是游客另一重要的出游动机，主要包括亲自参与影视拍摄，体验做演员的感觉，感受影视城的氛围和体验新的生活环境。"亲自参与影视剧拍摄，体验做演员的感觉"是一种体验的类型，游客希望通过横店之行体验一次影视拍摄。这部分游客的游记中一般有"好想上一次电视啊""如果被哪个导演相中，当一回群众演员也是不错的"等话语。另一种体验类型是"感受影视城的氛围"，这种类型的游客来横店"就想来看一下横店影视城到底是什么样的"，在这里感觉"置身其中仿佛回到曾经熟悉的电视剧中"。

（4）其他

虽然横店影视城游客的出游动机主要集中于印证、"探星"和体验，但是其他出游动机也比较明显。出游动机整体上是多样化的，游客到访横店还可能是出于放松、陪同亲朋等其他目的，游客是为了暂时摆脱日常的生活环境，置身其中，以期获得身心愉悦。

2. 旅游体验质量与场景的影视曝光程度有关

在横店影视城各个景区中，游客满意程度与各景区在影视剧作中的曝光程度以及影视作品的宣传等因素有关。游客主要选择游览横店影视城中的秦王宫、梦幻谷、清明上河图、明清宫苑和广州街·香港街，并且对这些景点的总体满意度较高。其中前往秦王宫、梦幻谷和清明上河图的游客满意度最高，前往明清宫苑和广州街·香港街的游客满意度略低，特别是广州街·香港街，部分游客觉得其游览价值比较低。但游客对整个景区的建筑及氛围持比较积极的看法，除了认为建筑"宏伟"之外，还沉浸在别样的历史氛围当中，当然也有少数游客认为人造的景点终究没有历史文化的积淀，是不具备欣赏价值的，只能走马观花地看看。

游客对景区内的表演项目和游乐项目的满意度都较高，但从对参与性的描述来看，游客对参与性的满意度并未与对体验项目本身的满意度成正比，这可能是由于景区内的许多表演项目只能观看，游客并不能实际参与，虽然表演很精彩，但是在游客心里还是留下了遗憾。这也从侧面证明了旅游体验的复杂性，游客可能整体满意度较高，但并非对所见所闻都持比较正面的态度。

横店影视城的大部分游客都抱有"看明星"的心态，虽然横店影视城被称为"东方好莱坞"，几乎每天都有剧组在里面拍戏，但是游客见到明星的机会还是比较少的，特别是见到自己喜欢已久的明星就更难了。许多游客不仅希望见到明星，而且怀揣明星梦而来，希望有机会"体验一下做演员的感觉"，但现实中并非都能如愿，大部分游客都失望而归。所以对于"看明星"这一项，游客的满意度是偏低的。

（五）横店影视产业和旅游产业融合发展的中期困惑

横店影视城作为国内第一个影视产业实验区，借助影视拍摄、影视主题公园群、大型影视主题旅游区的建设，旅游业发展快速，但是在影视产业和旅游产业融合的过程中，也存在一些问题。接下来，笔者以2007—2008年的调查数据为主，分析横店在影视产业和旅游产业融合发展的中期阶段遇到的问题。

1. 游客影视体验不足

分析横店旅游产品供给的特征和游客体验的特征可知，影视要素在供需两方面均占据重要地位。但是横店在发展过程中，游客在与影视相关的体验方面明显存在不足。游客到访横店总是希望见到明星，而在现实中这种愿望往往得不到满足。例如，有大批剧组在横店拍摄，但基本在游客稀少的时段或夜间拍摄，在白天游客活动的场所中几乎没有任何剧组拍摄，只能偶尔看见部分剧组的车辆，或在景区关闭时见到道具、场景布置人员在相关拍摄场地进行前期准备工作。例如，在秦王宫景区可见某剧组的车辆在搬运道具，在广州街·香港街景区即将关门时，有剧组到现场进行晚间拍摄的准备。游客饶有兴趣地观看，并表达出希望观看和参与拍摄的愿望，游客询问工作人员"几点开始拍摄""要不要临时演员"。网络游记分析结果及笔者调查均显示，游客对影视零距离的体验需求异常强烈，但是在旅游旺季，整个景区很难见到剧组拍摄。这种情况造成了游客影视旅游体验不能得到满足，甚至有游客在横店老街门口书写"不好玩"的情况。

2. 标志性事件的影响具有明显的明显时效性

1996 年至今，已有上千部影视作品在横店影视城拍摄，《鸦片战争》《英雄》《投名状》等优秀影视作品，都诞生于横店这个全球规模最大的影视城。2007 年，横店影视城共接待中外影视剧组 83 个，创下历史新高。而 2008 年，有 90 个中外影视剧组在横店拍摄，刷新了历史纪录。2008 年 8 月，横店影视城网站发布"横店影视城摄影棚免费提供中外剧组使用"的消息后，引起了海内外影视制作机构的广泛关注。2008 年 11 月就有 15 个影视剧组在此拍摄。2009 年，高希希导演筹备了大半年的长篇电视剧《三国演义》在横店秦王宫拉开帷幕。自此，每年都有多部电视剧的剧组在横店影视城紧张地置景，陆续开机。

在众多影视作品中，《鸦片战争》被认为横店影视产业与旅游产业互动发展的源头。《英雄》《无极》等大片的拍摄对横店影视城的旅游产业来说具有里程碑式的意义。越来越多的剧组在横店拍摄，景区内某个景点同时成为多部作品的拍摄地，游客也因此有了不同的经历。而且，文献研究也证明影视对外景地旅游产业的作用具有阶段性（Reley，1998）。

较有影响力和舆论关注度的大片，一度引起游客的高到访率和热议，但是这些影视作品的影响具有明显的时效性。如何利用具有巨大影响力的影视大片构建游客旅游市场，满足游客影视旅游体验，将是横店借助影视产业发展旅游产业所面临的又一关键问题。

三、影视产业与旅游产业的融合度不足

横店影视产业与旅游产业同步发展，但从横店旅游产业与影视产业发展的过程来看，相当长的时间内旅游产业和影视产业的融合程度还不高，主要表现在游客、景区发展和剧组拍摄之间的利益关系上。游客希

望近距离欣赏拍摄场景和与明星互动，景区为提升游客体验要利用影视发展旅游产业，但剧组的拍摄具有隐秘性，因此三者必然产生矛盾。影视剧拍摄期间如何协调剧组和游客的关系成为影视城面临的焦点话题。

四、主题公园的特殊性导致的相关问题

从性质上来看，横店影视城属于主题公园。主题公园具有投入大、门票价格高的特点。主题公园内部的产品需要适时更新才能吸引游客。目前，横店影视城的主题公园的这一特点表现得较为明显。部分游客认为横店的门票价格较高，如有的网友指出"其实全是人造景点，门票贵，不太值得去"；在旅游网站关于横店影视城的评论中也有不少关于票价和实际体验之间差距较大的表述。

相对较高的票价使横店衍生出一些新的现象：住旅馆可以购买相对便宜的景区门票，部分景区给介绍游客的中间人回扣，这势必影响游客的体验。另外，作为拍摄基地的景区之间的差异性相对小，因此游客一般选择有代表性的、有较高知名度的景区游览。

五、横店影视产业和旅游产业融合发展的提升与转型

经过多年的调整，横店影视城影视产业与旅游产业进一步融合发展，影视与旅游融合型产品的品质得到进一步提升，地域发展初步实现转型。接下来，笔者以文献研究为基本方法，以横店影视城官网、各大旅游网站中关于横店的宣传及游客游记的内容分析为基础，探讨横店影视城影视产业和旅游产业融合发展的提升与转型。

（一）减弱对标志性事件的依赖

1. 演艺活动由影视拍摄转向景点主题

依托影视拍摄发展旅游产业是横店发展过程中的一大特色，但是在发展的早中期阶段，横店对影视拍摄的依赖过于明显，各景点结合当下

热播的影视作品的痕迹突出。这种依赖与事件影响的时段性相矛盾，不是可持续性的发展导向。横店在后期发展过程中逐渐对景区旅游产品，尤其是动态影视旅游相关产品进行了调整，减弱了对影视拍摄的依赖。以景区演艺活动为例，至 2019 年 11 月，各演艺活动均结合各景点的特征进行了重新安排，如秦王宫景区的《始皇登基》《秦王迎宾》等均是体现秦王宫主题的节目，与拍摄和热播的影视作品关联性不强，新增的梦幻谷景区则无影视拍摄的痕迹，景区内的活动均为根据其游乐主题设计的体验和观赏活动。明清宫苑景区内的《清宫秘戏》《八旗马战》《紫禁大典》，明清民居博览城景区内的《秦淮八艳》《金粉恋歌》，华夏文化园景区内的《神往华夏》等演艺活动逐渐脱离对景区内影视拍摄活动的依赖性，打造与景区主题相关的品牌演艺产品。

2. 产品日趋主题公园化

横店经过多年的发展，逐步演化成具有中国历史文化特色的影视主题公园群，景点围绕中国各个时期的历史文化进行主题公园的静态和动态产品建设，增加了梦幻谷夜游、梦泉谷度假酒店，形成了集游览、娱乐、度假于一体的主题公园群。其门票价格上升明显，影视拍摄的重要基地，如广州街·香港街、秦王宫、清明上河图等景点的门票价格显著上升。景区增加了具有景区主题性质的演艺活动，摆脱影视作品的局限性，同时增加了夜游项目，主题公园的娱乐产业性质日益突出。游客的选择性更多，景区联票的选择性更强。景区推出的 n+1 的票价方式，形成具有更多自由度、游玩时限更为合理的产品组合。

3. 营销主题逐渐多样化

虽然游客到访横店最基本的旅游期望是获得与影视相关的体验，但同时也有其他的动机存在，因而，横店影视城需要注意旅游产品宣传、旅游目的地形象营销等的多样化，而非将其打造成为纯影视旅游地。尤其是在将一些知名导演、影视作品、影视明星作为旅游吸引要素时，横店需要进行正确营销，引导游客消费，避免盲目扩大明星、名剧的可接近程度，避免游客因达不到预期体验而降低满意度。

从现有文献及实地调查资料来看，横店所提供的旅游产品具有多样性的特点，由影视主题公园、游乐园及综合型旅游地组成的产品体系逐渐形成。经过多年的发展，横店的营销主题日益多样化。到横店看明星、拍电影、赏演艺秀是向游客宣传的横店旅游产品和体验。"看明星"满足了游客的"探星"动机；"拍电影"则更为个性化，满足了游客对电影拍摄的好奇和体验心理；赏演艺秀则逐渐脱离了影视拍摄及影视作品的主题。从 2019 年 11 月 10 日横店官网推送的旅游产品中也可以看到此特点。当天官网共推送了两个焦点主题旅游产品：一是"错峰游横店打卡《我和我的祖国》拍摄地"，此产品是结合影片《我和我的祖国》热播而开发的影视主题类产品；二是"陆地邮轮式横店自助游：管家式服务，父母无忧旅游"，此产品是针对老年旅游市场开发的专项旅游产品。可见，横店正在逐步加强非影视主题的旅游产品开发与营销。

（二）构建利益协调机制

驱动横店影视主题公园群发展的是影视产业和旅游产业，其中影视产业是主要因素，是横店旅游发展的拉动因素。围绕影视拍摄、影视制作等相关产业链，保障影视作品的拍摄与制作对横店的发展至关重要。在横店的影视产业和旅游产业融合发展过程中，最为突出的矛盾是影视拍摄的隐秘性和满足游客对影视拍摄好奇心之间的矛盾。注重进一步协调影视拍摄与旅游体验之间的关系，是横店影视城的当务之急。

横店影视城官网的栏目即能明确区分影视拍摄活动与旅游活动。官网主要栏目分为"旅游景区""演艺活动""剧组服务""影视片场""旅游攻略""在线预订""酒店介绍""商旅服务"等，主要分为影视、旅游、服务三大块。横店影视城管理服务有限公司是横店影视城下属的负责所有影视拍摄相关事务的专业公司，为影视拍摄机构提供不同档次的宾馆、酒店、场景拍摄等服务，为剧组提供大量群众演员、特约演员、武行演员和经验丰富的技工、杂工，并为剧组提供各类拍摄配套服务，提供各类影视器材、道具、服装、车辆、马匹等租赁业务。各场景和摄影棚信息全面，服务公司工作流程一目了然，职责分明。横店影视城服务日益规范，使影视剧组与旅游活动之间的冲突在管理层面得到相对抑制。

（三）全方面提升游客的影视体验

横店开发了提升游客影视体验的产品，并采取措施增强游客的影视体验。

1. 微电影：去横店拍微电影，我也可以做明星

横店专门提供拍摄微电影服务，满足游客对电影制作的好奇心，让游客体验当明星的感觉。目前横店提供的服务有两种：一种是微视频，无剧本和台词；另一种是情景剧场，有剧本、台词。拍摄过程中提供专业的导演化妆师、道具师、灯光师等人员的服务。这些拍摄服务，不仅满足了那些有着相对强烈的影视好奇心的游客，而且为游客了解影视作品拍摄过程提供了渠道。

2. 实时播报影视动态

横店影视城网站增设"影视动态""剧组动态"等实时播报与影视拍摄相关的动态信息。其中"影视动态"以介绍正在拍摄的影视作品为主。"剧组动态"分每日和每周两个时段：每日剧组动态按各个景区展示正在拍摄的具体剧名；每周动态则展示剧组的主要明星，为游客提供影视作品和明星信息。

3. 开发新型旅游产品

横店影视城结合自身优势，大力开发多种新型旅游产品，如影视追剧游、明星见面会等，同时，还积极邀请知名度高的明星为景区代言。通过当红或知名度高的明星代言，横店的影视主题产品得到进一步强化，也逐渐脱离了对影视拍摄和影视作品的依赖。

（四）丰富旅游产品体系

1. 夜游产品

《暴雨山洪》表演秀始于 2004 年，是全国首家小型剧场形式灾难实景演艺秀，一经推出即引爆市场，备受青睐。2012 年《暴雨山洪》进行第一次升级，有了专属的大型剧场，蜕变为集声、光、电、影视特技、舞蹈艺术于一体的，集古老、原始、神秘、自然于一身的大型实景"灾难性"演艺项目。2013 年，该节目被评为"2013 最具国际影响力的中国十大旅游演出"。2013 年的国庆节期间，更是创下一晚连演 8 场、观众达到 4 万多人的纪录。2018 年横店影视城斥资亿元，对《暴雨山洪》进行再次升级，结合高科技舞台技术和现代舞美手法，打造史诗级灾难大片。世界文化的瑰宝，素有中国舞蹈"活化石"之称的健舞，是表演中的舞蹈部分。新《暴雨山洪》集中国傩舞之大成，将"傩"这一原始、神秘的文化更为形象地展现出来，让古傩焕发新的生机和魅力。不同于横店现有 20 余台大型演艺节目的风格和形式，新《暴雨山洪》让观众在30 分钟里全程沉浸式观看，开启更为身临其境的演艺新模式。

梦幻谷景区是在《暴雨山洪》表演秀的基础上于 2007 年建成的开放的夜游景区。它占地 28 万平方米，包括梦文化村、横店老街、江南水乡、水世界四大区域，是一个以火山爆发、暴雨山洪等各种自然现象及自然风貌展示为主，配以各种游乐设施和演艺活动等内容的大型夜间影视体验主题公园。景区内表演两大主打节目:《梦幻太极》和《暴雨山洪》。从目前横店影视城的发展状况来看，梦幻谷景区对横店影视旅游产品体系的丰富和游客游玩时间加长具有重要的作用，景区推荐的联票更将梦幻谷景区作为必选项目。

广州街·香港街景区是横店影视城的第一个影视拍摄基地，也是一个横店夜晚开放的影视拍摄基地。夜晚的广州街·香港街景区灯火辉煌，设有《香江夜艳》水上特技表演。

2. 文旅融合型主题衍生产品

（1）影视主题美食

横店是全球规模最大的影视拍摄基地，抬头遇明星，转角见导演。到处都洋溢着浓郁的影视气息，美食也是如此。"影视菜系"是横店除了八大菜系之外的"第九菜系"。横店影视菜系主要分为三种：一是影视剧名菜，就是菜名取自某影视剧名；二是影视剧中菜，就是此道菜源自某影视剧，是剧中重要的"出镜物品"；三是影星菜，就是此道菜为某影星最为喜爱的、广为人知的菜品。

（2）影视主题住宿

影星酒店属于横店影视城旗下一家综合型三星级旅游酒店，也是浙江省首批银鼎级主题文化酒店。地处横店繁华的闹市中心，地理位置优越，既方便宾客旅游、购物，又为宾客提供了舒适宁静的食宿空间。酒店拥有客房175间，有秦汉风格、电影主题、豪华客房等20多种房型可以选择，为宾客提供舒适入住环境的同时，更为宾客提供了一场电影主题视觉盛宴。

影视主题民宿位于广州街·香港街景区之内，于2018年7月试营业，设有伪装者、老九门、半妖倾城、叶问、A计划等以影视作品命名的主题楼，整体建筑风格以19世纪的香港地区为参照，结合横店影视城特有的影视主题元素将热播剧进行一比一场景还原。

3. 影视主题事件游

横店春节大庙会亦称横店大庙会，于 2015 年春节期间首次举办，是享誉全国的春节庙会。2016 年春节，横店影视城举办了五大主题庙会：秦王宫景区主打"大秦庙会"，以秦汉文化为背景，并加入影视元素进行主题包装；清明上河图"大宋庙会"的主题是"回到宋朝去过年"；广州街·香港街的主题为"南粤庙会"，主打"老广州年味特色"；明清宫苑主题为"皇宫庙会"，主打"与民同乐"；梦幻谷景区庙会主打"梦幻、热闹、红火、快乐"，既有传统的"江南大庙会"，也有兼具中西风格的"新春嘉年华"。2017 年的庙会设梦幻谷和明清宫苑两大主会场，主打"江南大庙会"和"皇宫大庙会"，是两个展示南北不同地域、皇宫和民间不同特色的主题庙会。2018 年的横店大庙会全新打造梦幻谷"江南大庙会"、明清宫苑"皇宫大庙会"、秦王宫"大秦庙会"三大会场。2019年横店举行春节延禧大庙会，其中明清宫苑为"紫禁城民族大庙会"，并于大年初四举办延禧家族见面会；梦幻谷举办"江南大庙会"；清明上河图景区作为热播作品《知否知否应是绿肥红瘦》的重要拍摄地，还原了剧中的经典场景，剧中经典人物与游客一起互动，复制了剧中经典美食，让游客在吃喝玩乐中深度感受影视游玩体验；秦王宫举办了"浩大秦年"，游客可与众多热播影视剧中人物亲密互动，在美食街享受各类陕西风味美食；广州街·香港街有"民国大庙会"，仍以南粤为主题，让游客感受老广州、老香港的独特魅力。

2011 年 4 月 29 日，玄机科技与横店影视城合作举办的首届"横店cos play 英雄会"在影视城秦王宫景区的舞台上正式开幕。本次大赛吸引了来自广州、重庆、厦门、北京、南京、台州、武汉、上海、杭州等全国各地 16 支 cos play（costume paly 的简称，即穿着动漫人物服装的表演）劲旅。这些团队带来的节目包含欧美歌舞、神话传说、历史故事等不同风格和题材的作品，如《倩女幽魂》《葫芦兄弟》《爱丽丝梦游仙境》《杨家将》等，舞蹈、歌剧以及原创剧情使得表演丰富精彩。第二届横店 cos play 英雄会总决赛于 2012 年 9 月 16 日在横店影视城梦幻谷景区举行。

2014 年，横店结合第三届横店 cos play 英雄会举办横店影视节，影视节期间同时举办影视"剧中人"大巡游、剧组见面会、cos play 摄影大赛等丰富多彩的影视体验活动。横店影视城各大景区内，《暴雨山洪》《秦淮八艳》《紫禁大典》《怒海争风》《龙帝惊临》等 22 台大型演艺秀，高度还原了影视拍摄场景，揭秘影视拍摄特技。作为 2014 年横店影视节的重头戏，第一届影视"文荣奖"颁奖典礼于 10 月 13 日下午在横店国贸会堂举行。影视"文荣奖"沿袭横店影视"金牛奖"坚持为新人、新作服务的方向，鼓励新思维、新技术、新媒体，打造一个集中呈现影视创新力量的梦想舞台。之后每年举办的横店影视节以影视大巡游和"文荣奖"为重点内容。

2019 年 6 月 15 日到 2019 年 8 月 31 日，横店举办嬉水狂欢节，其中不仅包含了影视大巡游，而且还有一系列与影视相关的内容及其他演艺活动。

4. 休闲产品

梦泉谷温泉度假区是横店休闲旅游的重要部分，其开发尤其促进了横店冬季休闲旅游发展。2017 年 12 月 23 日，横店影视城旗下的梦泉谷温泉度假区迎来了媒体开放日。作为横店影视城年度重磅项目，梦泉谷温泉度假区在 2018 年春节期间正式营业。横店梦泉谷温泉度假区是横店影视城着力打造的大型养生休闲度假旅游项目，集温泉养生、医美度假、游乐戏水、生态观光于一体，年出水量达 8 万吨的温泉水系采自地下近千米的重碳酸钠钙型含硅的氟水，为温泉水中的珍品。2018 年元旦开放的温泉度假区一期分为综合服务区、山水温泉区、美食休闲区三大区域，拥有各种不同类型的泡池，既有纯天然的原汤类泡池，也有加入了各类草药、矿石的特色养生泡池。还包括 15 间蒸房、3 间石板廊等。此外，还有儿童及成人戏水游乐设备、特色美食餐饮、康体娱乐等丰富的体验项目，适合家庭亲子休闲、疗养度假，以及举办各类庆典会务活动，日接待最高容量可达一万人次，整体规模大、泡浴类别多。

横店的休闲旅游逐渐改变了横店原来单纯以影视为主要吸引物的状态。"还不到横店玩"是横店主打的营销口号，"玩"为主要内容，而不是"看"影视相关元素。

（五）文旅融合地域化转型：影视小镇、休闲小镇

横店影视城的发展源于影视产业和旅游产业的融合，形成了影视主题公园群的发展模式。影视为融合的关键，但由于依靠影视产业形成的旅游经济体系相对脆弱，一旦影视产业萧条，旅游经济发展势必受到影响。以 2019 年的数据为例。2019 年似乎进入了娱乐圈影视"寒冬"，65% 的演员无影视作品播出，镜头前见到他们反而是在综艺节目里。上千家影视公司关停，全国拍摄制作电视剧备案共 646 部，比 2018 年同期的 886 部减少了 27%，横店的剧组开机率下降了 45%。剧组减少，宣传减少，群演生活困难，旅游产业受到影响。实现文旅融合的转型发展是横店面对的重要问题。采取措施促进文旅融合，由产业融合转向地域融合是横店发展的必然途径。事实表明，经过二十多年的发展，横店已经逐步实现了由文旅产业融合走向地域融合的目标。

1. 影视小镇

从 1996 年投资兴建《鸦片战争》拍摄基地开始，横店即走上影视小镇的建设之路。20 世纪 80 年代的横店是一个位于浙中的偏僻小山村，既无山水之景观，又无交通之便利，更无文化之胜。经过 20 余年的发展，横店成为世界知名的"东方好莱坞"。广州街·香港街、秦王宫、明清宫苑、清明上河图等拍摄基地的建设不仅为影视产业和旅游产业发展

提供了基础，也为横店全镇的发展提供了空间。2004年是横店影视产业发展的转折之年。浙江横店影视产业实验区获批成立，规划面积365平方千米，是横店由文旅产业融合实现地域融合的关键驱动事件。国家级影视产业实验区的建设进一步推动了文旅融合地域化发展。国家政策向横店倾斜。在政策影响下，多家影视企业入驻横店，影视制作相关的产品与服务快速发展，横店的影视小镇发展更具规模。2015年，横店入选国家中小城市综合改革试点镇。尤其要指出的是，全国镇级层面试点仅有四个，横店即为其一。2016年，住房和城乡建设部公布的首批特色小镇中，横店名列其中，被划入文化类特色小镇的范畴，影视产业、旅游产业在横店新的规划版图中，将具备更多战略价值。横店依托影视产业的升级发展实现了新型城镇化。

2. 休闲小镇

"无中生有""水炸油条"式的横店影视产业、影视小镇发展的主要成功因素在于横店集团。"横店镇在横店集团内"的发展模式不是不可复制的，当横店国家影视产业实验区政策红利枯竭之后，横店便会遇到更大的竞争威胁。单纯的影视主题发展并非可持续性的地域发展对策。横店也开始关注这一重要战略问题。2010年5A级景区创建成功，演艺秀的去影视作品化、温泉度假区的开发等非影视主题产品的推介是横店作为休闲小镇的重要决策。2014年"休闲横店"项目小组正式成立，开始着力打造影视背景下的休闲小镇。横店逐步倾向于营造"城"的概念，提升城镇功能，先后制订了横店小城市发展的总体规划，编制了教育发展、横店城市品牌研究和影视特色、商业网点布局、镇区污水管网布置、绿地系统、道路系统等专项规划，初步形成了科学建设小城市的规划体系，打造"宜居、宜业、宜游、宜闲"的影视名城和休闲小镇。

横店，原本是位于浙江省东阳市的无明显资源优势和交通优势的小镇，经过短暂的二十几年的发展，实现了"无中生有"，实现了世界知名影视拍摄地、影视主题小镇的发展目标，它正在朝着功能多样化、产品多样化、吸引力综合化的发展目标逐步前进。横店的发展，是中国本土地区由文旅产业融合转向地域融合的经典案例。横店的发展过程，也是中国文旅产业由耦合型产品、产业深度融合再向地域融合发展的过程。

第四节　文旅融合助力乡村振兴的启示与建议

一、加强规范化精细化管理

文旅融合项目的管理需要由粗放式管理转向精细化管理。文旅融合项目包含文化资源、自然资源等多方面的资源。其管理模式要根据景区的特色和发展趋势进行精细化、匹配式操作。文旅融合也取得了明显成效，但从整体来看，要使"文旅融合"的目标和愿景得到有效落地，还应有更加详细科学的旅游策划和景区经营管理制度。不区分产品类型和文化特性，采用"一刀切"的粗放式开发模式开发文化产品，将会导致产品同质性强、缺少特色。对于自然资源管理，未与文化资源以及景区独特性相匹配，单一化的自然景观将无法满足一步一景、一时一景的现代化旅游要求。同时随着信息化技术发展越来越快，创新管理模式，整体统筹乡村文化，将更有利于乡村发展。

二、充分发挥基层党组织作用

基层党组织的领导是文旅融合的重要核心。正是通过顶层设计层次的统一筹划、上下联通，才构建了自上而下、快速反应、执行力强的组织结构，最终取得了今天的发展成果。但要贯彻新发展理念，实现更高质量的发展，还需要加强基层党组织的核心作用，加强核心领导和有效组织。乡村应聚焦乡村振兴各项任务和文旅发展的重点项目，把党建目标和其他目标相融合，在发挥好基层党组织堡垒作用的同时，积极推动各级党组织抓好基层党建和服务中心基础工作，以顺畅联通的组织体制把文旅融合发展所需的人、财、物等资源要素整合起来。

三、进一步明确政府与其他组织的分工及定位

文旅融合所涉及的领域与板块庞大，需要政府以及利益相关者明确自身定位，在统一有效的体制内发挥作用，高效地调动和配置资源。在文旅融合深化发展的同时，土地政策与发展之间的矛盾，农产品经济价值与社会价值之间的矛盾，政府与市场之间的矛盾都逐渐显现。因此，政府的文化及旅游管理部门应该及时处理和研究这些问题，明确各自的分工和定位，各司其职。应进一步厘清各部门之间的关系，用制度政策予以规范，形成权责分明、各司其职的良好局面。充分发挥政府的指引和服务职能，政府与其他组织之间应找准定位，实现各自的服务和指引作用，充分调动资源，实现人、财、物有机融合，为实现乡村振兴战略提供有力保障。

四、延长产业链，夯实产业基础

产业链是文旅融合景区的重要营利点。上下游一体的较长产业链能够实现资源的互通互融，扩大各自的比较优势，实现资源的高效配置，提供差异化、高附加值的产品和服务。目前，乡村旅游景区需要延长产业链，以现有产业为基础，向上下游产业扩展、延长。扩大农产品精深加工和粗加工规模。精深加工、粗加工产品必须避开市面常规产品，独立开发有创新、有独特口感、有品质、有话题、有热度、有聚焦的新型跨界产品，以质的提升促进农产品的提档升级；创新销售方式，可采用限量供应的方式，塑造差异化深加工、粗加工产品，与全国主产区形成差异化竞争力，针对不同消费群体，提供有层次、有内涵的产品，在此基础上形成纵向一体的深度融合产业链，提升有机农产品档次。

五、提升价值链，打造品牌效应

价值链是文旅融合实现高盈利的重要路径。增加附加值、提升差异化、打造品牌效应都是文旅融合景区的重要增值点。景区应当依托自身产业以及独特性，划分对应的价值链条，通过产品质量、产品特色、产品全面覆盖性等关键点实现附加值增长，提升整体价值链的价值以及联通性。在品牌农业上做文章，通过提升产品品质，打造特色亮点品牌。目前市场同类化产品竞争越来越大，要想在众多产品中脱颖而出，打动消费者，必须在品牌上下功夫。加强与有关单位的合作，由龙头公司负责品牌宣传推广，促进名优特农产品品牌孵化和品牌推广，做优做精自主品牌，提升农产品的知名度和影响。通过文化产品、公益活动等，创新营销宣传方式，进一步挖掘特色文化品牌，以适应文旅融合和乡村振兴的需求。增加产品体验性，完善产品体验和产品设计，增设农产品主题文化体验，提升产业链各环节的附加值。

六、强化供应链，提升竞争力

上游资源是文旅产业融合发展的核心竞争力。文旅融合的重要依托点是原有的文化和旅游资源，实现差异化以及独特性产品和服务的构建。景区应当关注基础资源，挖掘资源独特性和差异性，依托基础资源做好下游规划，加强产品和服务开发。科学实施景观优化提升，以茶山、竹海、松林等生态资源的有效保护和合理开发为基础，丰富旅游业态，提升整体观赏度。探索打造水域景观，做好水域景观的规划设计，在"水文化"打造方面做好文章，如夏季增设一些水上游玩项目等。实施田园景观化，打造可供观赏、采摘的多样化项目；做好马尾松等稀有树种、生态竹林的保护工作，真正实现生态宜居。

七、以创新方式拓展发展渠道

创新是文旅融合的灵魂。通过创新模式模糊文化产业以及旅游产业之间的界限，实现跨产业的全新营利方式创造。景区在实现差异化以及独特性产品和服务供应的过程中，需要依靠创新对供应链、产品链、服务方式、营利模式等进行更新改革。例如，鼓励创新创业，壮大集体经济，积极探索村民创新创业路径，政府和专业组织为创业人员提供技术支持和有力保障，有序引导体制机制创新、合作模式创新、经营方式创新和营销方式创新，积极为新思路、新想法牵线搭桥，确保好的创意落地落实。重点以文创项目为抓手，基于游客的人物画像、心理预期以及选择偏好，以游客喜闻乐见的形式传递文化知识、标注文化印记，不断增强品牌影响力。

八、优化人才，引进培养

人才是实现创新的不竭动力。文旅产业融合发展离不开专业化管理人才、科技人才。文旅融合项目在开发以及创新的过程中，需要激发内生原动力，加大人才引进和培养力度，充分利用现有资源优势吸引更多能人志士参与建设，加大政策倾斜程度，实现共建共享的人才体系。同时，采用互学互助的方式，增加针对性人才培养计划，继续开展夜校、专题培训等，加强对人才的培养。围绕实现专业人才、专业标准、专业水准等要求，重点在品牌管理运营、文创项目研发、运营模式创新等领域下功夫，聘请专业机构、专业人员参与提升改造。搭建社区自治平台，开展社区活动，深入推进社区发展，调动村民积极性，引导村民参与社区治理，推动村民自治、互助、共建。

九、做强互赢的合作链

文旅融合产业跨越了多层级、多方面的业态，涉及大量利益相关者与合作者。扩大合作链条，将更广范围的利益相关者纳入产业融合范围内，实现一体高效、利益共通、互利互赢的合作链。政府要做好村内和村外力量的统筹整合。村内，要在做强做优现有业态的同时，挖掘其他未开发区域的潜力价值，调动其他村民的积极性，创新合作模式，优化利益链接机制，创建高效公平的利益分配机制，使其充分融入乡村大发展格局之中，营造各处皆为景，各点皆可游的氛围，从而实现全村文旅业态的整体发展推进。村外，要主动加强与附近村落的沟通对接，政府要做好协调，按照全域文旅的思路，有规划地科学推动全镇文旅业态整体发展，理顺各部门管理体系，统一协调各区域未来规划，实现一村一品，和谐统一的整体布局，各村之间虽主题和形式不同却彼此呼应、互相联动，整体有序且各具特色，增加旅游附加值和吸引力，推动文旅产业良性发展。

第七章　总　结

　　文旅融合将文化产业和旅游业两个不同的行业结合在一起,从而提升了文化资源与旅游资源的价值,丰富了乡村旅游产品体系。通过引入文化元素打造的旅游产品,使游客不仅可以了解到当地的历史文化和风土人情,还能欣赏到具有艺术价值的传统文化表演,如民歌、戏曲、民间舞蹈等。通过发展乡村旅游,村民从单一的农业生产经营中解放出来,从事第二、三产业,参与旅游经营活动。文旅融合发展不仅促进了乡村传统产业转型升级,也提高了乡村旅游的综合效益。通过引入文创和旅游元素打造的乡村旅游景点,可让游客了解到当地丰富的传统文化和非遗技艺,并能在特色手工艺品中体验到传统文化和历史文化底蕴。

　　随着文化旅游产业的不断发展,人们对传统文化的重视程度也不断提高,越来越多的人开始重视历史文化、乡村文化、民族文化等方面的研究。在乡村振兴战略实施过程中,通过文旅融合,可在保护乡村历史文化遗存和自然生态环境的基础上,打造乡村文旅产业,推动传统村落和特色小镇建设,让乡村更好地保留“乡愁”。同时,通过文旅融合,可创新传统文化表现形式,将传统技艺、民俗活动等以创新形式呈现出来,吸引更多的人了解和喜爱传统文化。此外,在文旅融合发展过程中,可根据当地实际情况和特色资源发展乡村旅游产业,创新发展模式。在保护当地生态环境的基础上打造集休闲度假、观光体验于一体的乡村旅游产业，不仅能满足人们精神文化生活需求，还能促进当地经济发展、增加就业岗位。

通过文旅融合，可促进乡村生态环境保护，利用良好的乡村生态环境和文化氛围吸引游客前来观光旅游，实现乡村经济发展与环境保护双赢；通过文旅融合，可推动农业产业结构调整，实现农村第一、二、三产业融合发展，为农民提供更多就业机会，增加农民收入。文化和旅游都具有很强的包容性和渗透性，在产业融合发展过程中，将各种文化、艺术、科技等融入乡村旅游产品中，可吸引更多游客前来观光旅游，推动乡村生态文明建设和环境保护。

乡村振兴战略是新时代"三农"工作的总抓手，是实现中华民族伟大复兴的中国梦的重要战略部署。文旅融合是实现乡村振兴的有效路径之一，在乡村振兴战略实施过程中，应立足当地特色资源和文化底蕴，推动文旅融合，丰富乡村旅游产品体系，促进产业升级和发展模式创新，实现旅游富民。

参考文献

[1] 胡萍. 乡村振兴战略下的文旅融合发展路径研究：以九江乡村示范村为例 [J]. 齐齐哈尔师范高等专科学校学报，2020（1）：92-94.

[2] 杜坪，刘飞. 乡村振兴战略下传统文化与乡村旅游融合发展探析：以自贡市盐文化为例 [J]. 四川旅游学院学报，2020（3）：70-73.

[3] 葛锦润，杨刚. 多民族聚居区体育文化与乡村振兴战略融合：以丽江市古城区为例 [J]. 玉溪师范学院学报，2019（4）：104-107.

[4] 杨昀，贾玎. 农文旅融合背景下的古村落乡村振兴路径研究 [J]. 云南农业大学学报（社会科学），2021（5）：19-24.

[5] 李玮玮，王媛，王韦. 乡村振兴战略背景下皖西地区文化与旅游产业融合发展研究 [J]. 安徽农业大学学报（社会科学版），2019（3）：23-27.

[6] 魏紫玥. 乡村振兴战略下农旅融合发展的对策探讨：以绵阳市 H 村为例 [J]. 现代交际，2019（24）：56-57.

[7] 付洪良，周建华. 乡村振兴战略下乡村生态产业化发展特征与形成机制研究：以浙江湖州为例 [J]. 生态经济，2020（3）：118-123.

[8] 覃建雄. 青藏高原形成演化、人类变迁及相关重大问题研究 [M]. 北京：地质出版社，2001.6.

[9] 覃建雄. 西藏自治区虚拟旅游发展运行模式研究 [M]. 北京：科学出版社，2016.

[10] 覃建雄. 民族地区农文旅融合驱动乡村振兴研究 [M]. 成都：西南交通大学出版社，2021.

[11] 丰晓旭，夏杰长. 中国全旅旅游发展水平评价及其空间特征 [J]. 经济地理，2008，38（4）：183-192.

[12] 罗丽，覃建雄，曹兴华. 农文旅融合与民族村寨脱贫转型及乡村振兴的耦合关系研究 [M]. 中国农业资源与区划，2021，42（12）.

[13] 张莞. 乡村振兴背景下农业与旅游业融合发展研究：以南充市为例 [J]. 乐山师范学院院报，2019（6）：78-84.

[14] 王盼. 基于业态融合的农业旅游发展模式创新研究 [J]. 山东农业工程学院学报，2018，35（10）：31.

[15] 王慧，郭新星. 基于产业融合的辽宁沟域旅游产品创新开发策略：以沟域农业旅游产品为例 [J]. 农业经济. 2015（7）：71-73.

[16] 周军，吉银翔. 农旅融合视角下传统农业园区的转型与重构：以南京滁河大农业园区发展规划为例 [J]. 江苏农业科学. 2015（12）.

[17] 陈新森. 发展休闲观光农业加快推进农旅融合 [J]. 新农村. 2014（2）.

[18] 汪清蓉. 文化产业与旅游产业整合创新模式研究 [J]. 广东商学院学报，2005（1）：68-72.

[19] 曹诗图，沈中印，刘晗. 论旅游产业和文化产业的互动与整合：以湖北省宜昌市为例 [J]. 特区经济，2005（10）：189-191.

[20] 张海燕，张忠云. 旅游产业与文化产业融合发展研究 [J] 资源开发与市场，2010（4）：332-326.

[21] 程晓丽，祝亚雯. 安徽省旅游产业与文化产业融合发展研究 [J]. 经济地理，2012，32（9）：161-165.

[22] 袁骅笙. 动力系统理论视野下文化产业与旅游产业融合发展的机制研究 [J]. 经济研究导刊，2013，（20）：49-50.

[23] 曲景慧. 中国文化产业与旅游产业融合发展的时空变动分析 [J]. 生态经济，

2016, 32（9）：129-134.

[24] 吴昌和，彭婧. 对推动"农文旅"一体化发展的思考 [J]. 理论与当代，2016，（6）：23-27.

[25] 孙国文. 以美丽经济发展促乡村振兴 [J]. 中国合作经济，2018，（3）：12.

[26] 曹莉丽. 农文旅融合助力浙江乡村振兴的对策研究 [J]. 现代农村科技，2019（8）：99-101.

[27] 许玲凤，王文. 农文旅融合视角下休闲农业发展研究 [J]. 河南农业，2019（2）：4-5.

[28] 王平. 农文旅产业融合发展的影像志：湖南卫视《乡村合伙人》节目评析 [J]. 现代视听，2020（4）：21-24.

[29] 朱焕焕. "农文旅融合"多轮驱动促进美丽乡村建设 [J]. 蔬菜，2020（12）：1-9.

[30] 曹建萍. 乡村振兴战略下两巫一奉农文旅融合发展研究 [J]. 经贸实践，2018（13）：221，223.

[31] 刘运辉. 麻江县农文旅一体化发展研究 [J]. 农家参谋，2018（7）：6-7.

[32] 王琳. 文旅融合背景下乡村经济高质量发展研究 [J]. 农家参谋，2021（17）：81-82.

[33] 史婷婷，雒娅汝，王怡菲，等. "互联网 +"背景下乡村农文旅融合模式发展现状及优化探究：基于对"南京高淳国际慢城旅游度假区"的调查 [J]. 农村经济与科技，2021，32（5）：99-101.

[34] 顾伟. 江苏农文旅融合发展的多案例分析 [J]. 商展经济，2021（19）：34-37.

[35] 孙美琪，孙从榕，肖志雄. 安徽歙县"农文旅"产业融合发展模式研究 [J]. 中国集体经济，2020（35）：123-126.

[36] 王家明，闫鹏，张晶鑫，等. 基于改进耦合协调模型的山东省农文旅产业协调发展研究 [J]. 农业工程，2020，10（7）：111-119.

[37] 张莞. 羌族地区旅游产业融合发展研究 [D]. 成都：西南民族大学，2019.

[38] 邱婧佩，李锦宏. 贵州省农文旅一体化发展综合评价研究：基于层次分析法视角

[J]. 经济研究导刊，2019（13）：63-65+129.

[39] 朱启臻. 农业社会学 [M]. 北京：社会科学文献出版社，2009.

[40] 周玲强. 乡村旅游产业组织研究 [M]. 北京：科学出版社，2013.

[41] 张婉新. 乡村振兴背景下青龙满族自治县农旅产业融合发展研究 [D]. 北京：中央民族大学，2020.

[42] 郑少林. 我国旅游产业经济研究综述 [J]. 经济研究导刊，2006（5）：152-154.

[43] 马波. 转型：中国旅游产业发展的趋势与选择 [J]. 旅游学刊，1999（6）：21-26.

[44] 朱四海. 转型期温冷地区旅游业管理制度研究 [D]. 泉州：华侨大学，2002.

[45] 童地轴. 旅游业概论 [M]. 合肥：安徽大学出版社，2009.

[46] 颜醒华，李勇泉. 农业与旅游业高层次的融合与良性互动 [J]. 软科学. 2004（4）：42-45.

[47] 张强，魏福泉. 中国休闲农业的发展与探索：基于北京等都市地区先行案例的思考 [J]. 经济与管理研究，2008（5），50-54.

[48] 张文建. 农业旅游：产业融合与城乡互动 [J]. 旅游学刊，2011，26（10）：11-12.

[49] 陈洁. 益阳市旅游业与农业融合度评价研究 [D]. 湖南：湘潭大学，2014.

[50] 张莞. 乡村振兴战略下民族地区农旅融合提升发展研究 [J]. 农业经济，2019（4）：44-46.

[51] 冯晓棠，张英爱. 文化要素为核心的产业融合新趋势分析 [J]. 经济问题，2016（4）：84-89.

[52] 麻学锋，张世兵，龙茂兴. 旅游产业融合路径分析 [J]. 经济地理，2010，30（4）：678-681.

[53] 江伟，周敏. 农文旅融合下乡村文化发展趋势 [J]. 江苏农村经济，2021（5）：50-51.

[54] 聂磊. 海南省农旅融合发展研究 [D]. 湖北：中南财经政法大学，2019.

[55] 厉无畏，王慧敏. 产业发展的趋势研判与理性思考 [J]. 中国工业经济，2002

（4）.

[56] 胡汉辉，邢华．产业融合理论以及对我国发展信息产业的启示 [J]．中国工业
经济，2003（2）：23-29.

[57] 马健．产业融合理论研究评述 [J]．经济学动态，2002（5）：78-81.

[58] 罗奕．产业融合理论及其经济效果 [J]．时代经贸（下旬刊）.2007（3）：37-38.

[59] 王玉霞．基于汽车产业集群的物流园区运营模式研究 [D]，成都：西南交通大学，
2011.

[60] 刘定慧等．区域经济—旅游—生态环境耦合协调度研究：以安徽省为例 [J]．长
江流域资源与环境，2011，20（7）：892-896.

[61] 张国超，唐培．基于耦合协调度理论的文化消费环境测量：以武侯市为例 [J].
保定学院学报，2016，29（5）：10-17.

[62] 张琰飞，朱海英．西南地区文化产业与旅游产业耦合协调度实证研究 [J]．地域
研究与开发，2013，32（2）：16-21.

[63] 朱建芬．推进农旅融合促进农业可持续发展 [J].云南农业，2018（6）：47-49.

[64] 覃建雄．现代生态旅游：理论进展与实践探索 [M]．科学出版社，2018.

[65] 龚桂莉．秦巴山区生态旅游扶贫开发研究 [D]．成都：西南民族大学，2019.

[66] 许忠俊，文耀荣，赖庆奎．云南沧源翁丁村旅游开发策略研究：基于利益相关者
视角 [J]．安徽农学通报，2020，26（14）.

[67] 西藏自治区地方志编纂委员会．察隅县志 [M]．北京：中国藏学出版社，2015：
3-133.

[68] 周振华．产业融合拓展化：主导因素及基础条件分析（上）[J]．社会科学，
2003（3）：10-14.

[69] 于刃刚，李玉红．产业融合对产业组织政策的影响 [J]．财贸经济，2004（10）：
18-22.

[70] 李美云．服务业的产业融合与发展 [M]．北京：经济科学出版社，2007：75-77.

[71] 王业良．产业融合理论在旅游房地产发展对策中应用 [J]．湖南人文科技学院

学报，2008（5）：50-54

[72] 徐虹，范清. 我国旅游产业融合的障碍因素及其竞争力提升策略研究 [J]. 旅游科学，2008，22（4）：1-5

[73] 张辉，黄雪莹. 旅游产业融合的几个基本论断 [J] 旅游学刊，2011，26（4）：5-7.

[74] 望庆玲，孙军，顾敏. 文化产业与旅游产业深度融合的动力机制与发展路径 [J]. 科技和产业，2021，21（5）：115-120.

[75] 苏勇军. 海洋影视业：浙江海洋文化与产业融合发展 [J]. 浙江社会科学，2011（4）：95-100.

[76] 胡永军. 从分工角度看产业融合的实质 [J]. 理论前沿，2007（8）：24-27.

[77] 张俊英. 民族地区旅游产业与文化产业融合动力机制与模式研究 [D]. 陕西：陕西师范大学，2013.

[78] 谢彦君. 基础旅游学 [M]. 2 版. 北京：中国旅游出版社，2006.

[79] 宋子千，黄远水. 旅游资源概念及其认识 [J]. 旅游学刊，2000（3）：98-103

[80] 李一玮，夏林根. 国内城镇居民旅游消费结构分析 [J]. 旅游科学，2004（2）：30-32+38.

[81] 权小勇. 旅游消费动机的心理依据 [J]. 桂林旅游高等专科学校学报，2005（6）：10-13.

[82] 陈柳钦. 产业融合效应与促进我国产业融合的措施 [J]. 北京市经济管理干部学院学报，2007（2）：13-19.

[83] 张小娟，高敏华，郭兴芬. 库尔勒市止地巧用效益锅合关系研究 [J]. 安徽农学院通报，2012（18）：25-28.

[84] 高楠，马耀峰，李天顺，白凯. 基于耦合模型的旅游产业与城市化协调发展研究：以西安市为例 [J]. 旅游学刊，2013（1）：62-68.

[85] 方忠，张华荣. 文化产业与旅游产业耦合发展的实证研究：以福建省为例 [J]. 福建师范大学学报（哲学社会科学版），2018（1）：39-45+169.

[86] 刘晓. 山东省文化和旅游产业融合水平测度及影响因素研究 [D]. 山东：青岛大学，2020.

[87] 翁钢民，李凌雁. 中国旅游与文化产业融合发展的耦合协调度及空间相关分析 [J]. 经济地理，2016，36（1）：178-185.

[88] 王岚，赵国杰. 基于 ANP 的地区文化产业竞争力评价模型与指标体系 [J]. 科学与科技管理，2008（7）：129-132.

[89] 笪玲. 贵州民族村寨旅游扶贫研究 [D]. 成都：西南民族大学，2020.

[90] 王振鹏. 宁阳县乡村旅游发展研究 [D]. 山东：山东农业大学，2020.

[91] 明庆忠. 推动文化产业与旅游产业融合提升 [N]. 人民日报，2009-08-14（007）.

[92] 吴倩. 民族地区文化产业与旅游产业的融合发展研究：以贵州省为例 [J]. 贵州民族研究，2012，33（6）：124-127.

[93] 张海燕，王忠云. 旅游产业与文化产业融合运作模式研究 [J]. 山东社会科学，2013（1）：169-172.

[94] 陈红玲，陈文捷. 基于新增长理论的广西民族文化产业与旅游产业融合发展研究 [J]. 广西社会科学，2013（4）：173-176.

[95] 但红燕，徐武明. 旅游产业与文化产业融合动因及其效应分析：以四川为例 [J]. 生态经济，2015，31（7）：110-113，117.

[96] 孟茂倩. 文化产业与旅游产业融合发展探析 [J]. 中州学刊，2017（11）：37-40.

[97] 周春波. 文化产业与旅游产业融合动力：理论与实证 [J]. 企业经济，2018，37（8）：146-151.

[98] 徐淑红，朱显平. 关于推进松原市文化产业和旅游产业融合发展的对策思考 [J]. 税务与经济，2016（3）：108-112.

[99] 王力力. 旅游产业与文化产业的融合发展之道 [J]. 人民论坛，2017（11）：133-135.

[100] 尹华光，姚云贵，杨小沛，等. 武陵山片区文化产业与旅游产业融合发展对策研究 [J]. 湖南大学学报（社会科学版），2015，29（2）：46-51.

[101] 尹华光，王换茹，姚云贵. 武陵山片区文化产业与旅游产业融合发展模式研究 [J]. 中南民族大学学报（人文社会科学版），2015，35（4）：39-43.

[102] 胡粉宁. 西安文化产业与旅游产业融合发展路径研究 [J]. 人民论坛，2015（33）：86-87.

[103] 南宇，孙建飞，张萍. 丝绸之路背景下甘南藏族自治州旅游产业与文化产业融合问题研究 [J]. 干旱区资源与环境，2017，31（3）：203-208.

[104] 赵书虹，陈婷婷. 民族地区文化产业与旅游产业的融合动力解析及机理研究 [J]. 旅游学刊，2020（8）：81-93.

[105] 桑彬彬. 从产业边界看旅游产业与文化产业的融合发展 [J]. 思想战线，2012，38（6）：147-148.

[106] 徐仁立. 旅游产业与文化产业融合发展的思考 [J]. 宏观经济管理，2012（1）：61-62，65.

[107] 郭志敏. 基于新增长理论的文化产业与旅游产业融合发展探索 [J]. 商业时代，2014（8）：131-132.

[108] 兰苑，陈艳珍. 文化产业与旅游产业融合的机制与路径：以山西省文化旅游业发展为例 [J]. 经济问题，2014（9）：126-129.

[109] 霍艳莲. 产业融合视阈下文化产业与旅游产业的融合效应、机理与路径 [J]. 商业经济研究，2015（12）：126-127.

[110] 邹芸. 四川省文化产业与农业旅游产业融合发展策略研究 [J]. 农业经济，2018（1）：68-70.

[111] 古冰. 基于投入产出法及 ANN 模型的文化产业和旅游产业融合分析 [J]. 商业经济研究，2017（18）：170-173.

[112] 杨艳华. 文化产业与旅游产业融合途径探讨：以河南省为例 [J]. 人民论坛，2012（36）：102-103.

[113] 孔永和. 旅游产业与文化产业融合发展的路径选择：以河北省为例 [J]. 社会科学论坛，2016（10）：240-244.

[114] 李景初. 河南省产业融合发展模式及路径分析：以文化产业和旅游产业融合发展为例 [J]. 企业经济，2015（2）：121-124.

[115] 卢红梅. 我国文化产业与旅游产业融合发展分析 [J]. 经济研究参考，2015（61）：75-80.

[116] 侯兵，周晓倩. 长三角地区文化产业与旅游产业融合态势测度与评价 [J]. 经济地理，2015，35（11）：211-217.

[117] 尹华光，邱久杰，姚云贵，等. 武陵山片区文化产业与旅游产业融合发展效益评价研究 [J]. 北京联合大学学报（人文社会科学版），2016，14（1）：79-88.

[118] 杨颖. 产业融合：旅游业发展趋势的新视角 [J]. 旅游科学，2008（4）：6-10.

[119] 庞博. 文化产业与旅游产业的融合发展分析 [J]. 人民论坛，2015（33）：122-123.

[120] 范建华，秦会朵. 文化产业与旅游产业深度融合发展的理论诠释与实践探索 [J]. 山东大学学报（哲学社会科学版），2020（4）：72-81.

[121] 赵雯. 文化创意产业与乡村旅游产业融合发展实现路径分析 [J]. 四川旅游学院学报，2019（3）：39-42.